Freiburg

Alice Winter

Inhalt

Das Beste zu Beginn

Und sie bewegt sich doch! Im Münster!
Direkt unter der Turmspitze des Münsters sind in der Mitte der Vorhalle zwei Messingmarken zu sehen: Die größere der beiden liegt am Boden lotrecht unter der Turmspitze. Der kleinere zeigt an, wo ein Gegenstand aufschlagen würde, wenn er von der Turmspitze fallen würde. Der Abstand zwischen den beiden ergibt sich aus der Erdrotation.

Ein Schloss ist ein Schloss ist ein …
Wie eine Fata Morgana ragt das Wasserschlössle aus dem Sternwald. Doch hinter der schlossartigen Fassade verbirgt sich lediglich ein Hochbehälter, mit dem der Freiburger Osten mit Trinkwasser versorgt wird. Vorbild für das Schloss mit fantastischer Aussicht war übrigens das Freiburger Stadtsiegel, das auch auf allen Kanaldeckeln zu sehen ist.

Die Bächle
Spätestens wenn die Tage wieder wärmer und die Abende lauer werden, ist es soweit: Dann zieht es die Freiburger an die Bächle, wo sie Beine und Seele baumeln lassen. Besonders schön ist die Stimmung während des Bächlepicknicks.

Holbeinpferdchen
Wann es angefangen hat, weiß niemand mehr so recht, aber es hat nicht mehr aufgehört. Immer wieder machen sich nächtens, inzwischen aber auch bei grellem Sonnenschein kreative Hände und Köpfe am Pferdle zu schaffen – und verwandeln es: mal in einen hippen Satyr, mal in einen geflügelten Pegasus, mal fordert es zum Wählen auf, protestiert gegen Ölmultis oder gratuliert Leo zum 60sten.

Fressgässle
… nennen die Freiburger die ›Markthalle‹. Zur Mittagszeit drängen sie sich in der ehemaligen Druckerei der Badischen Zeitung. Hier kann man an den verschiedensten Ständen kulinarisch um die Welt reisen und natürlich fehlt es auch nicht an badischen Spezialitäten. Können Sie sich noch nicht entscheiden? Dann trinken Sie erstmal einen Champagner an der Bar.

Freiburgs beste Bar
Freiburg ist nicht gerade für sein Nachtleben bekannt. Aber ein bisschen stolz sind wir, dass die One Trick Pony Bar beim Mixology Award in Berlin (!) in drei Kategorien abgeräumt hat, unter anderem für den besten Bartender und die beste Karte. Die meisten Zutaten stellen sie selbst her, sogar die Eiswürfel.

Badische Lösung
Als es am Augustinerplatz zu laut wurde und die Anwohner sich beschwerten, ließ die Stadt die leuchtende ›Säule der Toleranz‹ errichten. Als das auch nichts half, richteten sie Runde Tische ein, dann einen kommunalen Ordnungsdienst. Erst dem neugeschaffenen viermal so großen Platz der Alten Synagoge gelang es, dem Augustinerplatz den Rang abzulaufen.

Höllentäler
Sommer! 27 °C im Schatten. Du hast eine Jacke dabei? Spätestens am Abend weißt Du, warum: Nach Sonnenuntergang weht der Höllentäler, der abendliche Fallwind, durch Freiburg und sorgt wie eine natürliche Klimaanlage für etwas Abkühlung.

Große Welt im Kleinen
Von Freiburg sind es nur ein paar Pedaltritte nach Frankreich oder in die Schweiz. Schon immer reichte Freiburgs Blick weit über die Grenzen hinaus – auch in der Stadt selbst: Menschen aus mehr als 160 Ländern leben, arbeiten oder studieren hier.

In Freiburg bin ich aufgewachsen. Nach dem Studium der Kulturwissenschaften habe ich als Reisebuchautorin und Studienreiseleiterin Länder und Kulturen erkundet – und nun auch meine Stadt. Dieses Buch ist meine Liebeserklärung an Freiburg mit seinen eigensinnigen, passionierten, nachdenklichen, lebensfrohen, visionären BewohnerInnen.

Fragen? Erfahrungen? Ideen?

Ich freue mich auf Post.

Mein Postfach bei DuMont:
a.winter@dumontreise.de

Das ist Freiburg

Freiköpfig, lebenslustig, selbstbewusst, wunderfitzig, vorwärtsdenkend, bewegt und nachhaltigkeitsverliebt – so nennt sich Freiburg in Eigenwerbung, zu Recht! Und man möchte hinzufügen genussverliebt, fahrradbesessen, demonstrierfreudig, fußball- und kulturvernarrt, bodenständig und doch experimentierwillig und ja, mit dabei ist ein ungebrochener Hang zu Visionen, das Unmögliche zu wagen.

Lebensqualität

Freiburg ist eine Stadt mit einer hohen Lebensqualität. Es hat schon vor Jahrzehnten etwas vorweggenommen, wovon Architekten von heute träumen: das Konzept der Soft City, einer kleinteiligen Stadt, wo der Bäcker um die Ecke liegt, die Kinder auf der Straße spielen und tollen können, die Wege zur Schule, zur Universität und Arbeit nicht weit sind und das Freizeitangebot sich nicht auf abgetrennte Funktionsareale beschränkt. Wichtige Weichen wurden – sieht man von den Trabantenquartieren der 1960er-Jahre ab – in der Nachkriegszeit gestellt, als man die weitgehend zerstörte Altstadt nicht nach modernen Kriterien wieder aufbaute, sondern sich an einer kleinteiligen Architektur orientierte, die man unabhängig von ihrer historischen und politischen Implikation heute als Glücksfall betrachten muss. Wer in das Flair von Freiburg eintauchen will, muss sich ein wenig treiben lassen, wie die Bächle, die die autofreie Altstadt durchziehen. In Freiburg entschleunigt man ganz von selbst und öffnet Augen, Ohren und Sinne etwa bei einem Gang über den Münstermarkt, bei einem Blick vom hohen Münsterturm, auf dem Schlossberg, an der Dreisam oder auf dem Rathausplatz, wo sich ganz selbstverständlich Hochzeitspaare neben Klimaprotestlern tummeln.

Beteiligung

Freiburg erscheint überschaubar, klein, fast dörflich und doch ist es das keineswegs. Mit 236 000 Einwohnern, davon 30 000 Studierenden, nimmt es längst den Rang einer Großstadt ein. Mit einem Durchschnittsalter von 40,8 Jahren ist Freiburg inwischen die jüngste Stadt Deutschlands nach Heidelberg. Das macht die Stadt auch so dynamisch, stets am Puls der Zeit. Dabei galt Freiburg im 20. Jh. noch als Pensionärsstadt. Die Universität mit ihrer futuristisch anmutenden Bibliothek ist ein Motor der Stadt. Freiburg ist keine Industriestadt oder Finanzstandort. Dienstleistung prägt die Wirtschaft. Größter Arbeitgeber der Stadt sind die Polikliniken und die Universität. Kultur ist den Freiburgern wichtig. Unzählige Kulturinitiativen prägen die Stadt. Herausragend und vielfältig ist die musikalische Landschaft. Freiburg ist eine Stadt der Mehrstimmigkeit, und das ist durchaus metaphorisch zu verstehen. Denn auch das ist ein Kennzeichen dieser Stadt, ihre Vielgestaltigkeit, die sich bis in den Gemeinderat zeigt, wo neben den klassischen Parteien auch eine Kulturliste und die Jupis (= jung, urban, polarisierend, inklusiv) vertreten sind. In Freiburg herrscht keine »mia san mia«-Mentalität, vielmehr ein sehr buntes und vielfältiges Nebeneinander von Lebensentwürfen, die sich keineswegs ignorieren, sondern immer wieder konfrontieren.

Regional schlemmen heißt die Devise beim alljährlichen Bächlepicknick.

Beteiligungsprozesse sind hier an der Tagesordnung oder werden lautstark eingefordert. Selten kann man so eine diskussionsbeharrliche und gleichzeitig nahbare Stadt erleben.

Standortglück

Was sich Freiburg nicht erarbeitet hat, ist seine unglaubliche geografische Lage zwischen den Wäldern des Schwarzwaldes und den Weinbergen der Rheinebene. Durch ihre Nähe zur Schweiz und zu Frankreich schwingen in der Stadt stets andere Kulturen mit. Freiburg ist eine offene Stadt, das spüren auch die vielen Zugezogenen, die nicht selten einfach dableiben. Ein weiterer großer Pluspunkt ist das Klima. In Wettervorhersagen punktet Freiburg immer wieder mit ein paar Grad mehr. Ideal ist das Wetter eigentlich immer, aber zugegeben, die Sommermonate sind die schönsten. Dann strömen die Freiburger zu Fuß und mit ihren Rädern an die Dreisam und auf die Plätze, und wo es keine gibt, schaffen sie welche. Ein Event jagt das nächste: Bächlepicknick, Münsterplatzkonzerte, Fashion Days, Zelt-Musik-Festival, Jazzfestival u. v. m. Dann erscheint Freiburg wie eine Traumstadt. Und für viele Freiburger ist sie es. Immer wieder, wenn Bewohner zu den Lebensbedingungen in ihrer Stadt befragt werden, rangiert Freiburg auf einem der ersten Plätze, wenn nicht gar auf dem allerersten Platz. Ein Manko gibt es allerdings: die Wohnungssituation. Freiburg gehört im Verhältnis von Einkommen zu Miete zu den teuersten Städten in Deutschland. Ein neues Quartier steht im Westen der Stadt schon in den Startlöchern: Dietenbach. Doch schon jetzt erscheint es wie in Tropfen auf den heißen Stein.
Die quirlige Breisgau-Metropole ist längst mehr als Gässle, Bächle, Münster. Mit diesem Buch möchte ich Sie einladen, ganz nachhaltig zu Fuß, mit dem Fahrrad, der Tram oder der Gondel die vielen Facetten dieser Stadt und ihrer Bewohner aufzuspüren und zu erleben.

Freiburg in Zahlen

3

Kilometer sind es von der Gemarkungsgrenze Freiburg bis zur Grenze nach Frankreich.

5

Meter zu kurz und 1 m Höhenunterschied zwischen den Toren waren die kuriosen Maße des alten Dreisamstadions, in dem der SC Freiburg jahrelang, bis zur Eröffnung des neuen Stadions 2021, nur aufgrund einer Ausnahmegenehmigung der Deutschen Fußball Liga spielen durfte.

8

Kilometer lang ist die ›Downinsland‹-Rollerstrecke, die auf 750 Höhenmetern von der Berg- zur Talstation der Schauinsland-Seilbahn führt. Sie ist damit die längste in Europa.

15,9

Kilometer beträgt die Gesamtlänge der Bächle, von denen 6,4 Kilometer unterirdisch verlaufen.

40,8

Jahre beträgt der Altersdurchschnitt in Freiburg. Damit ist es die zweitjüngste Stadt Deutschlands nach Heidelberg (40,7). Bundesweit liegt das Durchschnittsalter bei 44,6 Jahren.

43

Prozent der Gesamtfläche der Gemeinde Freiburg ist Wald. Sie ist damit eine der größten waldbesitzenden Gemeinden Deutschlands.

48

Grad ist die nördliche Breite Freiburgs – der Breitengrad verläuft mitten durch die Stadt, unter anderem durch die Habsburgerstraße, wo er auch markiert ist.

1088

Meter beträgt der Höhenunterschied zwischen dem Stadtviertel Waltershofen (196 m) und dem Schauinsland (1284 m). Es ist der höchste Höhenunterschied innerhalb eines Stadtgebietes einer deutschen Großstadt.

67

Meter hoch ist ›Waldtraut vom Mühlwald‹, wie der höchste Baum Deutschlands, eine Douglasie, von den Forstleuten liebevoll benannt wurde.

116

Meter misst der Münsterturm. Mit seiner Fertigstellung gehörte das Münster neben der Kathedrale von Salisbury ein Jahrhundert lang zu den höchsten Kirchenbauten Europas.

153

Quadratkilometer umfasst Freiburgs Fläche. Damit ist sie so groß wie Aachen oder Gera.

700

Hektar (aufgerundet) Rebfläche machen aus Freiburg die größte Weinbaustadt Deutschlands, davon ranken sich fast 600 Hektar um den Tuniberg.

2660

Sonnenstunden zählt Freiburg durchschnittlich im Jahr. Damit gehört es laut einer Untersuchung des Energieunternehmens Enpal 2023 zu den sonnigsten Städten Deutschland (zum Vergleich: München 2605, Berlin 2486)

236 000

Einwohner zählt Freiburg (Ende 2022). Tendenz steigend!

7764

Fahrradparkplätze gibt es allein in der Innenstadt

Was ist wo?

Das sonnenverwöhnte Freiburg erstreckt sich zwischen den Weinbergen des Oberrheingrabens und dem waldreichen Schwarzwald. Am Fuße des Schwarzwalds entspringt auch die Dreisam, Freiburgs Lebensader, deren Wasser die berühmten Bächle speist, die die Altstadt durchziehen. Aber auch in den Stadtteilen, auf dem Schauinsland, zu Fuß, mit dem Rad oder an der Dreisam sitzend, lässt sich Freiburgs Flair entdecken und erleben.

Die Altstadt

Verlaufen kann man sich in Freiburg nicht. Noch heute prägt das fast rechtwinklige Straßennetz der Stadtgründer die Altstadt, die zum Glück für den Besucher zur Fußgängerzone erklärt wurde. Hier liegen die meisten Sehenswürdigkeiten, Einkaufsstraßen und kulinarischen Hotspots. Wie im Mittelalter durchfließen kleine Kanäle, die Bächle, die Gassen der Altstadt.
Mit **Schwabentor** und **Martinstor** (🕮 Karte 2, E 3, G 3) haben sich zwei Stadttore erhalten. Nach den Zerstörungen des Zweiten Weltkriegs wurde Freiburg wieder aufgebaut. Herz der Stadt ist der **Münsterplatz** (🕮 Karte 2, F/G 2) mit Markt und Gebäuden wie dem Historischen Kaufhaus oder dem Wentzingerhaus. Mittendrin das Münster, dessen Turm auch heute noch ganz bewusst alle Gebäude der Altstadt überragt. Dann sind da noch der **Rathausplatz** (🕮 Karte 2, F 2), das Haus zum Walfisch, die Konviktstraße, das auch architektonisch spektakuläre Augustinermuseum – und die **Universität** (🕮 Karte 2, D/E 3) mit der futuristisch anmutenden Unibibliothek. Nach dem Bau der Festungsanlage von Vauban im 17. Jh. blieb als einzige der drei Vorstädte die vom Gewerbekanal durchzogene **Schneckenvorstadt** (🕮 Karte 2, F/G 3/4). Fotogen reihen sich hier die mittelalterlichen Häuser der Gerber und Fischer, Lokale, Geschäfte und zwei Hausbrauereien aneinander.

Über die Blaue Brücke nach Westen

Mit dem Anschluss Freiburgs an das Eisenbahnnetz 1845 dehnte sich die Stadt nach Westen aus. Außerhalb des mittelalterlichen Stadtkerns siedelten sich im **Sedanquartier** und **Im Grün** (🕮 Karte 2, C/D 2-4) sowie im **Stühlinger** (🕮 E/F 3/4) viele Fabriken und Gewerbebetriebe an, die heute alternativ und kulturell genutzt werden, wie das Grethergelände oder das E-Werk. Ein Besuchermagnet ist die autofreie **Blaue (Wiwilí-)Brücke** (🕮 Karte 2, C 2), die nicht selten als aussichtsreicher Sitzplatz mit New York-Feeling genutzt wird. Beliebt sind die Viertel heute auch wegen ihrer hohen Kneipendichte. Naherholung findet man im **Stühlingerpark,** besser noch im weiten **Eschholzpark** oder – im Sommer auch samt Badevergnügen – am anlässlich einer Landesgartenschau angelegten **Seepark** (🕮 D 2/3) in **Betzenhausen**, Im angrenzenden **Mooswald** kickt der SC Freiburg im **Europa-Park-Stadion** (🕮 E 1), das – natürlich – mit Solarenergie betrieben wird.

Wiehre und der Osten

Schöne Wohnviertel finden sich im Osten der Stadt. In der **Wiehre** (🕮 F-H 5/6), aber auch im nördlichen Herdern entstanden Ende des 19. Jh. Villenviertel im vorherrschenden Jugendstil und Historismus mit Türmchen und Erkern. Sozial engagierte Unternehmer bauten vorbildliche Arbeiterwohnungen wie die Knopfhäusle-Siedlung. Kirchenneubauten mit hohen Türmen wie die Johanniskirche oder die Christuskirche prägen die Stadtteile. Weitläufige Parks und Grünanlagen. Panoramawege und Forststraßen durchziehen die umliegenden Wälder. Ein

Kleinod aus dieser Zeit ist **Waldsee** (🕮 K 6), noch heute ein lauschiges Refugium. Mit der Eröffnung der **Höllentalbahn** avancierte der Schwarzwald zum sommers wie winters schnell erreichbaren Naherholungsgebiet.

Herdern und der Norden

Auch **Herdern** (🕮 G/H 2/3), einst ein Winzerdorf, ist geprägt von herrschaftlichen Gründerzeitvillen. Der stark zerstörte Stadtteil **Neuburg** (🕮 G/H 4) wurde in der Nachkriegszeit zum Institutsviertel vor allem der naturwissenschaftlichen Fakultäten. Erhalten blieb der verwunschene Alte Friedhof. Oasen der Erholung sind auch Botanischer Garten und Stadtgarten. Von hier ist der von aussichtsreichen Wegen durchzogene **Schlossberg** (🕮 H 4) zu Fuß oder per Standseilbahn leicht zu erreichen. Weiter im Norden schließt sich der Stadtteil **Zähringen** (🕮 H-K 1) an, dessen heute verfallene Burg den Stadtgründern den Namen gab.

Über Günterstal zum Schauinsland

Exklusiv hebt sich das 1890 eingemeindete **Günterstal** (🕮 G 8) mit seinen weiten Wiesen von der Kernstadt ab. Dichte Wälder umgeben das ehemalige Klosterdorf, das heute ebenfalls ein Villenviertel ist. Wanderwege führen durch das Arboretum, in dem mit ›Waldtraut vom Mühlwald‹ der höchste Baum Deutschlands steht. In der Toskana wähnt man sich beim Anblick des Lioba-Klosters mit seinem stillen Klostergarten – und schon ist man am Fuße des **Schauinsland** (🕮 Karte 4, C 3), Freiburgs 1284 m hoher Hausberg mit herrlichem Panorama, der bequem mit der Seilbahn zu erreichen ist.

Neue Stadtteile

Freiburg wächst. Zählte die Stadt Ende 1944 noch 64 000 Einwohner, sind es heute rund 240 000. Zu einem Modellstadtteil für neue Formen des Wohnens, Bauens und Zusammenlebens hat sich der Ende der 1990er-Jahre entstandene autoreduzierte Stadtteil **Vauban** (🕮 D/E 7) entwickelt. Einzigartig ist das weltweit erste drehbare Solarhaus Heliotrop. Einen schönen Blick auf Freiburg genießt man vom **Jesuitenschloss** (🕮 D 8) auf dem Schönberg, wo man gut wandern kann.

Augenblicke

Weitblick

Beinahe wären die beiden einzigen erhaltenen Stadttore, das Martinstor und das Schwabentor, im Zuge der Planungen für die Straßenbahn als Verkehrshindernisse abgerissen worden. Stattdessen entschied man, das Martinstor aufzustocken. Auch später hielt man an der Altstadt fest, verwandelte sie in eine von Bächle durchzogene Fußgängerzone, von der die Straßenbahnen in alle Himmelsrichtungen in die Stadtteile juckeln.

Erholung vor der Tür !

Der Reiz an Freiburg: Stadtleben und Natur liegen nah beieinander. Die Altstadt kann man wunderbar erbummeln und gleichzeitig an den Bächle in die Sonne blinzeln, mit der Gondel in wenigen Minuten auf den Schauinsland entschweben und mit der Höllentalbahn den Schwarzwald erkunden. Oder man geht ein paar Schritte auf den Schlossberg in den Kastaniengarten und erlebt bei einem kühlen Getränk, wie das letzte Abendlicht die Stadt zum Leuchten bringt.

Das Wunder von Freiburg

Abstieg. Aufstieg. Mitkicken in der Europa-League, dann wieder Abstieg und wieder Aufstieg. Der SC Freiburg ist eine Ausnahmeerscheinung in der Bundesliga wie auch ihr Kult-coach Christian Streich, der inzwischen dienstälteste Bundesligatrainer. Eine Besonderheit ist auch die neue Heimspielstätte des SC. Es ist das erste klimaneutrale Stadion der Bundesliga. Die 2,4-MW-Anlage gilt als das weltweit zweitgrößte und leistungsstärkste Solardach auf einem Fußballstadion.

P2

Ihr Freiburg-Kompass

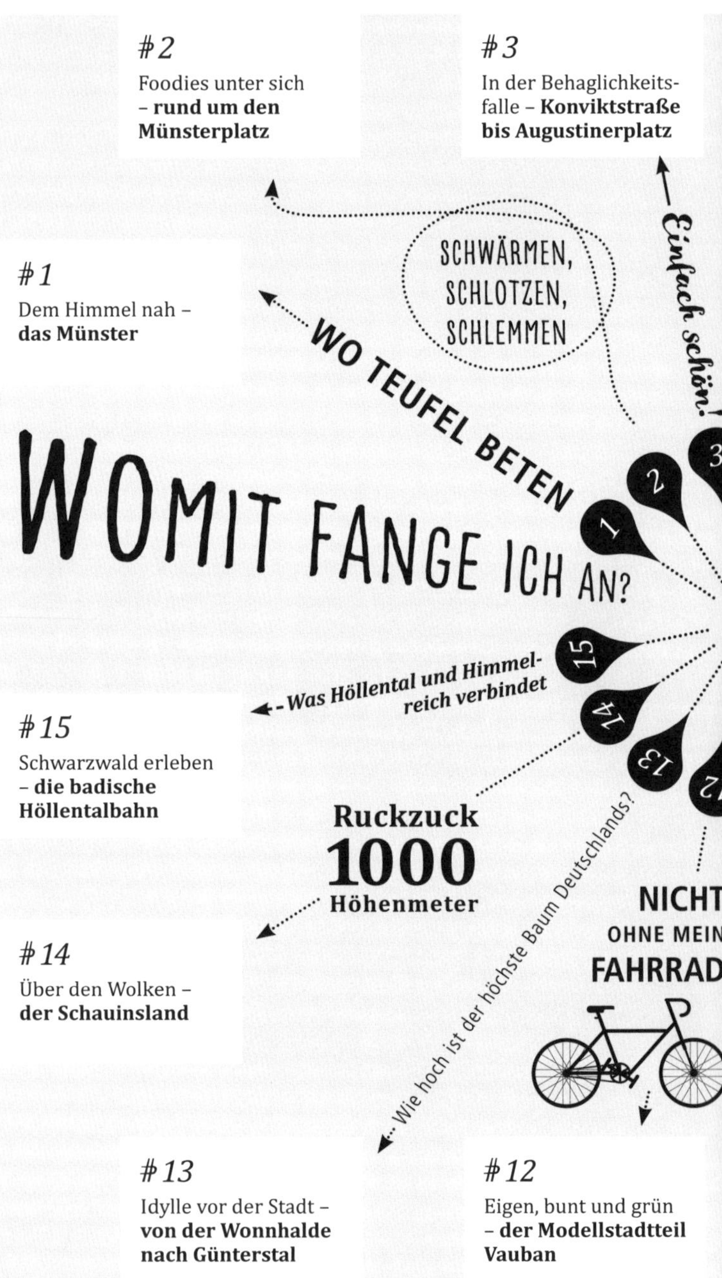

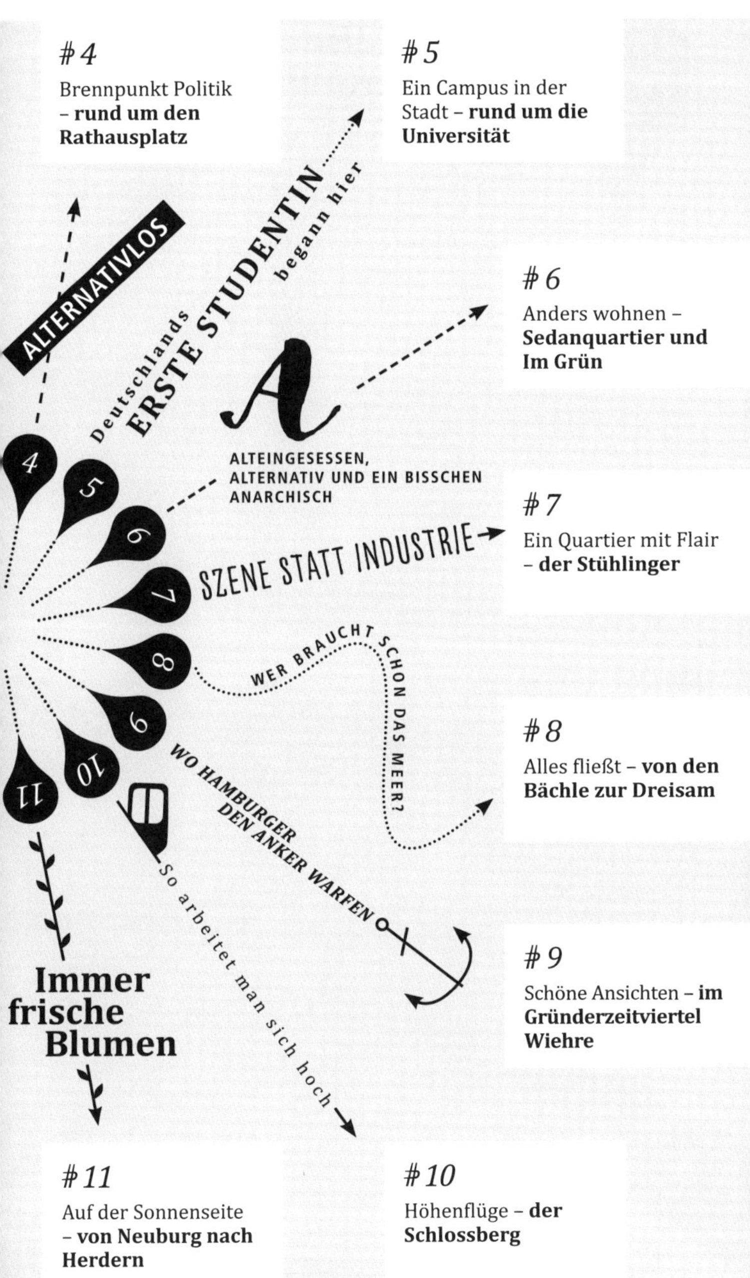

#4
Brennpunkt Politik – **rund um den Rathausplatz**
#5
Ein Campus in der Stadt – **rund um die Universität**
ALTERNATIVLOS
Deutschlands ERSTE STUDENTIN begann hier
#6
Anders wohnen – **Sedanquartier und Im Grün**
A
ALTEINGESESSEN, ALTERNATIV UND EIN BISSCHEN ANARCHISCH
#7
Ein Quartier mit Flair – **der Stühlinger**
SZENE STATT INDUSTRIE
4
5
6
7
8
9
10
11
WER BRAUCHT SCHON DAS MEER?
#8
Alles fließt – **von den Bächle zur Dreisam**
WO HAMBURGER DEN ANKER WARFEN
So arbeitet man sich hoch
#9
Schöne Ansichten – **im Gründerzeitviertel Wiehre**
Immer frische Blumen
#11
Auf der Sonnenseite – **von Neuburg nach Herdern**
#10
Höhenflüge – **der Schlossberg**

Dem Himmel nah – **das Münster**

In einer Zeit, als nur die wenigsten Menschen lesen und schreiben konnten, waren Bilder die Fenster zum Weltverständnis. Tauchen Sie ein in die Bilderwelt des Mittelalters mit betenden Teufeln, windelfressenden Ochsen und ›Hinternentblößern‹.

Den besten Zugang zum Münster bildet die Münsterstraße. Wie ein Fels in der Brandung ragt der unten mächtige und nach oben immer filigraner werdende **Turm** 1 aus dem quirligen Münstermarkt empor, als wolle er Sonne und Mond auf seiner Spitze in den Himmel heben. Nach seiner Fertigstellung um 1330 zählte er mit seinen 116 m ein Jahrhundert lang zu den höchsten Kirchtürmen der Welt. Ein nicht nur architektonisches Glanzstück ist der 46 m hohe, vollständig durchbrochene Turmhelm, der im Inneren von 35 m hohen Streben getragen wird, die mit eisernen Ringankern verbunden sind. Wer die über 300

Der mit gotischem Maßwerk durchbrochene, lichtdurchflutete Turmhelm ist einer der ganz wenigen im Mittelalter fertiggestellten Türme. Selbst die Druckwellen der Bomben des Zweiten Weltkriegs hat er überstanden.

Stufen erklimmt, kann an der Turmstube vorbei einen Blick in das Innere des ›schönsten Turms auf Erden‹ werfen, wie ihn der Kunsthistoriker Jacob Burckhardt nannte. Von hier aus gelangt man auch in den Glockenstuhl mit seinen 19 Glocken. Die 1258 gegossene Hosanna-Glocke ist eine der ältesten Angelus-Glocken Deutschlands.

Stadt- und Bürgerkirche

Das spätere Freiburger Münster war zunächst ›nur‹ eine Stadt- und Bürgerkirche. Erst 1827 wurde Freiburg Bischofssitz, die Kirche zur ›Kathedrale‹. Finanziert u. a. mit dem Erlös aus den Silberminen auf dem Schauinsland und dem damit verbundenen Münzrecht wurde es in erstaunlich kurzer Zeit von 1200 bis 1330 aus Buntsandstein erbaut. Damit war das Münster eine der wenigen Kirchen, die im Mittelalter vollendet wurden. Doch schon Mitte des 14. Jh. begann man mit der Erweiterung des Chores, die bis 1536 andauerte. Um einen Chorumgang mit Kapellenkranz und den Hochaltar erweitert, bot sich den Honoratioren Raum für ihre prunkvollen Grabkapellen.

Am Außenbau und an den Fenstern lassen sich die verschiedenen Bauphasen und -stile gut nachvollziehen: Vom wuchtigen, romanischen Querhaus mit seinen kleinen Rundbogenfenstern und der großen Rosette über die ersten tastenden Versuche der Frühgotik im Langhaus mit seinen anfangs schiefen, unförmigen Spitzbogenfenstern, die allmählich in ein immer ausgefeilteres Maßwerk der Hochgotik übergehen bis hin zum himmelwärts strebenden Glockenturm, um dann im langgestreckten Chorbereich mit seinen Fischblasenmotiven die Spätgotik aufzugreifen.

Messen, was messbar ist

Im Mittelalter war das Münster als Stadt- und Bürgerkirche nicht nur geistliches Zentrum. In der Vorhalle tagte auch das weltliche Gericht der Stadtgrafen. Nicht zufällig sind an der Außenseite der Vorhalle die **Maße** 2 von Broten eingemeißelt. Bei Hungersnöten wie 1317 durfte man dann auch ›kleine Brötchen‹ backen. Auch ein Sester, mit dem Getreide nicht gewogen, sondern gemessen wurde, eine Elle für Tuch oder ein Zubermaß für Holzkohle sowie gegenüber Ziegel- und Backsteinmaße sind an den Wänden zu finden.

Weil die Hosanna-Glocke stets freitags um 11 Uhr zum Gedenken an die Kreuzigung Christi läutet, wurde sie von den Freiburgerinnen und Freiburgern kurzerhand in ›Spätzleglocke‹ umbenannt, weil es zumindest früher spätestens dann Zeit war, die Spätzle auf den Herd zu stellen. Sie läutet aber auch am 27.11., um an die verheerenden britischen Luftangriffe von 1944 zu erinnern, bei denen über 80 % der Altstadt zerstört wurde, das Münster aber wie durch ein Wunder unversehrt blieb.

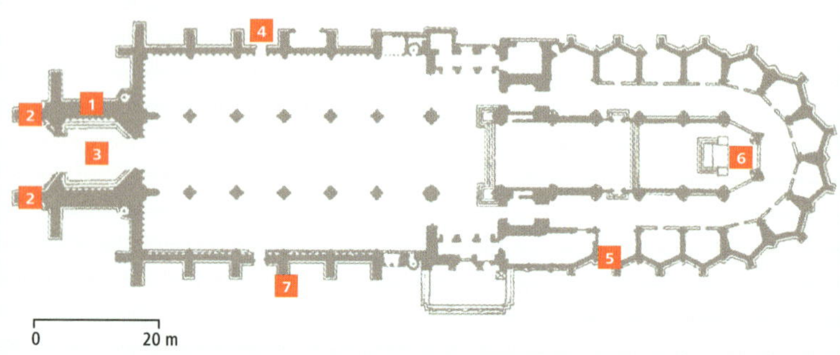

Cityplan: Karte 2 Zentrum, F/G 2 | **Tram 1–4:** Bertoldsbrunnen o. 4/5: Europaplatz

INFOS/ÖFFNUNGSZEITEN

Münster: tgl. 7–19 Uhr
Münsterturm 1: Mo–Sa 11–16, So/Fei 13–17 Uhr, 5 €/ erm. 3 €. Kasse nach 209 Stufen in der Turmstube.
Führungen: Münsterführungen bieten der c-punkt des Münsterforums oder andere Agenturen wie Freiburgerleben (www.freiburgerleben.de) an.
Orgelkonzert zur Marktzeit: Mitte April bis 23. Dez. jeden Samstag 11.30–11.55 Uhr, Tickets (5 €) am c-punkt Münsterforum oder online https://shop.c-punkt-Freiburg.de/de/tickets
Ein ungemein plastisches Modell zum Münsterbau gibt es im **Museum für Stadtgeschichte** (► S. 78) zu sehen, während im **Augustinermuseum** (► S. 32) einige der steinernen Originalskulpturen, Wasserspeier und Glasfenster ausgestellt sind.

KULINARISCHES FÜR ZWISCHENDRIN

Wenn Münstermarkt ist, empfiehlt es sich, eine lange Rote (► S. 28) zu kosten oder andere Köstlichkeiten, die an den Ständen angeboten werden. Einen Logenplatz genießt man von den Restaurants und Cafés rund ums Münster oder von der Terrasse der Eisdiele Lazzarin.

Mittelalterliches Storytelling

Im Münster gibt es viel zu entdecken, zu schauen und zu staunen, aber für zwei Dinge sollte man sich Zeit nehmen: die Vorhalle (► auch S. 4) und die Fenster. Durch die weit ausladende **Vorhalle** 3 mit ihren vielen in Stein gehauenen und farbig gefassten Figuren wurde der mittelalterliche Mensch in die Kirche geleitet, aber nicht nur, hier wurde er auch unterwiesen. Schon beim Eintreten fiel der Blick auf Maria. Über 120 Mariendarstellungen finden sich in und um das Münster. Ihr ist die Kirche geweiht: das Münster Unserer Lieben Frau. Rechts und links sind Szenen aus ihrem Leben zu sehen: die Verkündigung mit dem Erzengel, die sogenannte Heimsuchung, die Begegnung zwischen Maria und Elisabeth, und auf der anderen Seite die Heiligen Drei Könige. Im Mittelpunkt aber steht die Christusgeschichte, die im dreigeteilten **Tympanon** über dem Portal mit vielen Details erzählt wird, wobei man stets von unten nach oben und von rechts nach links liest.

Was zu tun sei, um dem Strafgericht, der Höllenfahrt, zu entgehen, zeigen die Szenen an den Seiten, das Gleichnis von den klugen und törichten Jungfrauen, das die Menschen erinnert, in ihrem Verhalten vorausschauend zu sein, oder die Sieben Freien Künste der Antike, wie Rhetorik, Geometrie, Arithmetik oder Musik. Sie wurden in mittelalterlichen Schulen gelehrt und galten als Voraussetzung, um den göttlichen Plan zu verstehen. Zu sehen sind auch Heilige, wie die hl. Margareta oder die hl. Katharina von Alexandrien, die sich für den Glauben opferten.

Doch die Schöpfer dachten nicht nur an die Eintretenden. Wer hinausging, begegnete auf der rechten Seite einem gekrönten Jüngling, der einer nur spärlich bekleideten jungen Frau eine Rose überreichte. Wer sie da noch nicht als Sinnbild der Versuchung erkannt hatte, brauchte nur einen Blick auf den Engel in der Ecke zu werfen, der ein Spruchband (»Ne intretis in tentationem«) in den Händen hielt: Fallt nicht in Versuchung! Wer beim Hinausgehen noch einen Blick nach oben warf, sah hinter dem reichen Mantel des **›Fürsten der Welt‹** seinen nackten Rücken, der von Kröten, Schlangen und anderem Getier bedeckt ist. Noch im Hinausgehen wurde dem Menschen eine Mahnung mitgegeben: Lass dich nicht von Äußerlichkeiten blenden. Das macht wohl auch heute noch die Faszination dieser Vorhalle aus. Tritt man ein, eröffnet sich eine Bilderbibel des Mittelalters.

Berühmt in der Vorhalle ist der ›betende Teufel‹ in der Mitte des Tympanons neben dem Erzengel Michael. Natürlich betet er nicht, sondern reibt sich die Hände in der Hoffnung, dass die Seelenwaage zu seinen Gunsten ausschlägt. Er hat sogar ein Teufelchen geschickt, das sich an die Waage hängt.

Selbstbewusste Zünfte

Einen leuchtenden Bilderreigen entfalten auch die **Glasfenster** im Inneren, die bis in die Erbauungszeit zurückreichen und vor allem in den Seitenschiffen des Langhauses zum großen Teil aus dem 13. und 14. Jh. stammen. Sie blieben erhalten, weil die Freiburger sie kurz nach Kriegsbeginn im Südturm einlagerten. Wie in der Vorhalle erzählen sie Geschichten von Jesus, von Heiligen, Märtyrern und Märtyrerinnen.

Interessant an den Fenstern sind die Stifter. Es sind die selbstbewussten Handwerkszünfte, die unten an den Fenstern ihre Wappen hinterlassen haben. Haben Sie das **Fenster der Bäcker,** der **Schneider** und der **Schuhmacher** entdeckt? Während der Gottesdienste gab es viel zu schauen. Das **Schmiedefenster** 4 im linken Seitenschiff zeigt die Geburt Jesu in einem Stall: Maria, die als Gottesgebärerin keine Geburtsschmerzen erlitt, sitzt wie eine Königin auf ihrem Bett. Das Jesuskind ist in Windeln gewickelt. Doch was passiert? Der Ochse, auf der Suche nach Futter, erwischt die Windel. Da greift Josef in heller Aufregung zum Stock und schlägt ihm wild auf das Maul, während Maria die Hände ausbreitet, um das Kind aufzufangen.

Nicht alle Fenster sind erhalten, viele fielen dem gesteigerten Lichtbedürfnis der Barockzeit zum Opfer, andere wurden während der französischen Belagerung Ende des 18. Jh. zerstört. Später kamen neue Fenster hinzu, so 2001 im südlichen Chorumgang das **Edith-Stein-Fenster** 5 des Freiburger Malers und Bildhauers Günter van Look. Es erinnert an die Philosophin Edith Stein, die 1942 im Konzentrationslager Auschwitz ermordet wurde.

Von Orgelpfeifen und Geisterschrecken

Im langgestreckten Chor steht auch der zwischen 1512 und 1516 geschaffene **Hochaltar** 6 des Dürer-Schülers Hans Baldung Grien, der wegen seiner Vorliebe für die Farbe Grün so genannt wird. Der Flügelaltar, der im Lauf des Kirchenjahres wechselnde Ansichten bietet, zeigt die Krönung Mariens, flankiert von Petrus und Paulus und auf der Rückseite die Kreuzigung Christi. Der unscheinbare Spieltisch an der Südseite dient dem Organisten zur Bedienung einzelner oder auch aller vier (!) Orgeln. Mit ihren über 150 klingenden Registern ist sie eine der größten Orgelanlagen Deutschlands. Immer wieder finden auch Konzerte statt. Ein fester Termin sind die Konzerte samstags zur Marktzeit.

Über 90 Wasserspeier bevölkern das Münster und spiegeln mittelalterlichen Volksglauben wider. Hier vermutlich ein ›Aufhocker‹, ein Druckgeist, der nachts den Menschen auf den Rücken springt.

Das beliebteste Fotomotiv versteckt sich außen an der Südseite des Münsters: ein **Wasserspeier** 7, der einem seinen nackten Hintern entgegenstreckt. Im Mittelalter glaubte man, diese Figuren würden böse Geister fernhalten – je bizarrer und grausiger, desto wirkmächtiger. Über 90 Figuren zählt das Gruselkabinett rund ums Münster. Sie sind an vielen Stellen in Freiburg zu finden, übrigens auch in Miniaturform in der Vorhalle. Finden Sie den Nasentrompeter?

Foodies unter sich **–rund um den Münsterplatz**

Auf dem Münsterplatz schlägt das Herz der Breisgau-Metropole. Sechs Tage die Woche findet hier rund ums Münster der Markt statt – ein Eldorado für Foodies und Genießer. Nicht nur zum Schauen, auch zum Probieren!

Im Bauch der Stadt

Der ›größte Unverpacktladen der Region‹ beginnt um halb acht. Am Samstag ist die Zahl der Marktbeschicker am höchsten. Wenn gegen fünf Uhr die letzten Nachtschwärmer den leeren Münsterplatz überqueren, rollen auch schon die ersten Standbetreiber vor. Die Wurstständе und der grüne Wagen der Metzgerei Hämmerle aus

Wenn der erste Spargel gestochen wird, ist der Sommer nicht mehr weit. Die Spargelsaison beginnt Ende März/ Anfang April und endet traditionell am 24. Juni, dem Johannistag.

INFOS/ÖFFNUNGSZEITEN

Münstermarkt 1: Mo–Fr 7.30–13.30, Sa 7.30–14 Uhr (Abbauende jeweils 1 Std. später). Einzig am 15. August, dem Fest Mariä, Himmelfahrt, Patrozinium des Münsters, bleibt der Platz frei von Marktständen, https://muenstermarkt.freiburg.de.

KULINARISCHES FÜR ZWISCHENDRIN

Alte Wache Vinothek und Weinbar 1: Münsterplatz 38, Mo–Sa Weinbar 10–21 Uhr, Vinothek 11–20 Uhr, www.alte-wache.com.
Sie sind am Nachmittag in Freiburg und die Wurststände sind schon abgebaut? Ein Ableger vom Wurststand **Meier, Curry & Fritz** (2 Universitätsstr. 11, www.curryundfritz.de, Mo–Sa 11–21 Uhr) ist bis in den Abend geöffnet.
Kulinarische Münstermarkt-Touren bietet die Agentur Freiburgerleben an, www.freiburgerleben.de

Cityplan: Karte 2 Zentrum, F/G 2/3 | **Tram** 1–4: Bertoldsbrunnen o. 4/5: Europaplatz

Niederwinden im Elztal auf der Südseite gehören zu den ersten. Mit Florian Hämmerle vertreibt schon die vierte Generation Schwarzwälder Spezialitäten, wie schonend geräucherter Schwarzwälder Schinken, Schwarzwürste oder Kirschwassersalami. Während die meisten Stände auf der Nordseite einen festen Platz haben, müssen die Wurststände rotieren, schließlich soll jeder mal in der Pole-Position sein und die größte Nachfrage erfahren. Auch die rotgekleidete Marktmeisterin und ihr Kollege sind schon früh auf den Beinen. Sie kümmern sich darum, dass die rund 130 Stände richtig stehen, keine Lücken bleiben, die Stromanschlüsse funktionieren – und das Angebot zwischen Bauern, Händlern, Gärtnern und Gewerbe sein unverwechselbares Gesicht behält.

Mehr als ein Bauernmarkt

Gegen 7 Uhr wird an der Nordseite, wo die Bauern aus dem Dreisamtal, dem Markgräflerland und dem Kaiserstuhl stehen, schon eifrig entladen und das Obst und Gemüse der Saison platziert. Am Brunnen füllen die Blumen- und Pflanzenhändler die Gießkannen mit Wasser. An der

Südseite ist es noch ruhiger. Einzig die Händler, die Südfrüchte, Antipasti und Aufstriche, aber auch elsässische, italienische und Schwarzwälder Spezialitäten anbieten, sind schon da. Die Keramiker, Hutverkäufer, Bürstenmacher und Korbflechter kommen erst später. Noch ist Zeit für ein kurzes Schwätzchen, dann kommen auch schon die ersten Stammkunden. Nach und nach trudeln auch die letzten Marktleute ein, wie der legendäre ›Peschto-Mann‹ **Harry Schröder,** der nur samstags da ist, und an einem kleinen Stand am Chor Bärlauchpesto anbietet.

Das ist das Bemerkenswerte am **Freiburger Markt**, dass es neben den klassischen Bauernständen auch besondere Stände gibt, wie den **Lakritz-Piraten,** der alles rund um die schwarze Süßigkeit verkauft, oder den hervorragenden **»Alles Käs«-Stand** der Käserin Eva Hohlfeld. Dann ist da noch der Stand des **Forellenhofs** aus Umkirch mit Michaela Herr, eine der wenigen Fisch-Sommelières Europas. Sie bietet saisonale Fisch- und Meeresfrüchte-Spezialitäten an. Besonders zu empfehlen sind die Fische aus der eigenen Räucherei. Nicht zu vergessen, der gelbe, stets umlagerte Stand von **Stefans Käsekuchen.** Der wunderbar cremige Kuchen wird je nach Saison mit Kirschen, Heidelbeeren, Himbeeren oder Rhabarber angeboten. Doch auch die Bauern bieten keineswegs ›nur‹ klassische Sorten und Produkte an, immer wieder tauchen neue oder wiederentdeckte Gemüse- und Obstsorten auf, wie der sogenannte Vulkanspargel, ein leicht bitteres Zichoriengewächs, auch als Puntarella bekannt, oder die Chayote, ein echter Exot unter den Knollengemüsen und mit dem Kürbis verwandt. Die Rezepte bekommt man gleich dazu.

Am späten Vormittag brummt der Markt, die ersten gönnen sich eine ›lange Rote‹ an einem der Wurststände, suchen sich einen Logenplatz in einem der Lokale rund um das Münster oder strömen ins Münster, wo jeden Samstag im Innern die Orgeln das traditionelle Konzert zur Marktzeit erklingt.

Historische Bilderbuchkulisse?

Auf den ersten Blick scheinen die meisten Gebäude um den Münsterplatz die Bombardierung

In der Erinnerung der Freiburger ist der Markt schon immer hier gewesen, dabei fand er im Mittelalter noch auf der Großen Gass statt, der heutigen Kaiser-Joseph-Straße. Um das Münster lag früher der Friedhof. Die Umrisse der Kapelle sind an der Nordseite auf dem Pflaster an den dunklen Steinen zu erkennen. Erst mit der Aufhebung des Friedhofes verlagerte sich der Markt allmählich auf den Münsterplatz.

Die lange Rote gehört zu einem Münsterplatzbesuch dazu. Die Frage ist nur ›mit‹ oder ›ohne‹. »Mit oder ohne Zwiebeln?«, heißt die Standardfrage. Der Klassiker bleibt die ›lange Rote‹, die dünne, rote Rostbratwurst ohne Darm, aber immer 35 cm lang. Für den Freiburger Bobbele gibt es nur eine Art, sie zu verkosten: Am Stück, nicht genickt! Und nur mit Senf geadelt.

während des Zweiten Weltkrieges unbeschadet überstanden zu haben. Die Nordseite prägen die Stadtbibliothek mit ihrer marmorierten Fassade und das **Kornhaus** 1 mit seinem gestaffelten Giebel. An der Westseite fällt der Blick auf das ehemalige Bankhaus Krebs (Münsterplatz 4) mit den charakteristischen hohen Kaminen, während an der Südseite neben dem Erzbischöflichen Palais eine Reihe mittelalterlich wirkender Häusern steht.

Blickfang ist das rot leuchtende **Historische Kaufhaus** 2 mit den reichgeschmückten Erkern. Die durchfahrenden Händler lagerten und verzollten hier ihre Waren. Das Mitte des 16. Jh. erbaute Kaufhaus spiegelt den wirtschaftlichen Aufschwung wider, den Freiburg unter den Habsburgern erfuhr. Nicht zufällig platziert sind zwischen den Fenstern die Standbilder von vier Habsburgerherrschern: Maximilian I. mit dem Reichsapfel, sein Sohn Philipp der Schöne und dessen Söhne Karl V. und Ferdinand I.

Doch der gute Erhaltungszustand des Häuserensembles täuscht. Die meisten Bauten mussten nach der verheerenden Bombardierung am 27.11.1944 wiederaufgebaut werden. Einzig die Südostecke und das Historische Kaufhaus überstanden die Bombardierung weitgehend unbeschadet.

Im Zeichen des Weines

Unterdessen füllen sich die Lokale rundherum, darunter die **Alte Wache** 3, ein beliebter Treffpunkt bei Freiburgern und Besuchern, um ein ›Viertele‹ zu genießen. Freiburg gehörte nicht nur fast 500 Jahre lang zu Vorderösterreich, Mitte des 17. Jh. wurde es auch Sitz der vorderösterreichischen Regierung. In der gelbgestrichenen Alte Wache befand sich deren Garnison – und in der Nachkriegszeit die einzige öffentliche Toilette, die unter Denkmalschutz stand. Erst in den späten 1990er Jahren wurde sie zum **Haus der badischen Weine** umgewandelt. An warmen Tagen sind die Plätze schnell besetzt. Neben den klassischen badischen Weinen, wie Gutedel, Müller-Thurgau und Grauburgunder, gibt es im Sommer auch die ›kalte Sofie‹, einen geeisten Drink aus Rot- oder Weißwein, im Winter den Glühwein ›Winter Marie‹.

In der Behaglichkeitsfalle – **Konviktstraße bis Augustinerplatz**

Am Rand der Altstadt zeigt sich Freiburg von seiner fotogenen und genussfreudigen Seite: mittelalterliche Häuserreihen, hippes Flair, lauschige Plätze, originelle Läden und eine Vielzahl an Lokalen.

Nur einen Katzensprung vom quirligen Münsterplatz verläuft die **Konviktstraße** 1, das Bilderbuchgässle der Stadt. Im Frühsommer hängen die Glyzinien voller lilafarbener Blüten. Ausgefallene Geschäfte und Sternelokale locken zum Stöbern und Schlemmen. Vom Bombenhagel 1944 verschont, lagen hier einst viele Handwerksbetriebe und Lebensmittelläden. Man wohnte sehr bescheiden, die Mieten waren niedrig, die Häuser

Freiburgs Schlemmergasse hieß früher Hintere Wolfshöhle und lag direkt an der Stadtmauer. Erst Mitte des 19. Jh. wurde sie nach dem nahegelegenen Priesterseminar in Konviktstraße umbenannt.

In den autofreundlichen 1970er-Jahren plante die Stadt den Teilabbruch des Viertels – und den Bau eines riesigen Parkhauses mit angeschlossener Tankstelle. Die Baugruben waren bereits ausgehoben, als die Baufirma (zum Glück) pleite ging. Nach regem Protest wurde das Parkhaus schließlich wesentlich kleiner und mehr zum Schlossberg hin gebaut.

Der Schlussstein des Torbogens am Schwabentor zeigt das antike Motiv des Dornausziehers. Das christliche Mittelalter deutete den Dorn um zum Symbol der Erbsünde und den Dornauszieher als Sünder, der vom richtigen Weg abgekommen war – eine Mahnung an alle, die hier die Stadt Richtung Schwarzwald verließen.

jedoch in schlechtem Zustand, mit oft feuchten Zimmern ohne ausreichend Licht und Luft. In der Nachkriegszeit galt das Quartier als verrufen. Inzwischen sind die Gebäude kernsaniert und durch Neubauten ergänzt – und Freiburg erhielt vom Land 1979 einen Preis für vorbildliche Altstadtsanierung.

Ältester Teil der Stadt

Am Ende der Konviktstraße erhebt sich das **Schwabentor** 2. Eines der beiden letzten der einst fünf Stadttore aus dem 13. Jh. An der stadtabgewandten Seite prangt die Abbildung des Stadtpatrons Sankt Georg als Drachentöter, doch die Freiburger Gästeführer erzählen lieber von der Szene auf der Stadtseite: Der Legende nach wollte ein reicher Schwabe einst das unverkäufliche Freiburg kaufen. Stolz steht er vor seinen mit Geld gefüllten Weinfässern, die er den Freiburgern gleich zeigen will. Seine Frau hatte ihm jedoch am Abend zuvor ausgiebig Wein zum Trinken gegeben und das Geld heimlich in Sand getauscht, was ihm seitens der Freiburger am Ende reichlich Spott einbrachte. Das Gebiet um Oberlinden gehört mit seinen tiefliegenden Bächle (▶ S. 49) zum ältesten Teil der Stadt. Es ist benannt nach der Linde am Kreuzungspunkt zwischen Salz- und Herrenstraße, die beide noch auf die Zeit der Stadtgründung zurückgehen. Auch der **Gasthof zum Roten Bären** 1 steht hier seit dem 12. Jh. und gilt damit als das älteste Gasthaus Deutschlands. Am Schwabentor liegt auch einer der Zugänge zum Schlossberg (▶ S. 55).

Die Schneckenvorstadt

Hinter dem Schwabentor geht es hinunter in die Schneckenvorstadt. Strittig ist, ob der Name von den schneckenförmigen Wendeltreppen herrührt, die in den Gebäuden die Stockwerke miteinander verbanden, oder vom Wirtshaus ›Zum Schnecken‹, das am heutigen Holzmarkt stand. Die Vorstadt erstreckte sich einst vom Martinstor bzw. heutigem KG IV. bis zum Schwabentor und ist das einzige Viertel, das dem Festungsbau von Vauban im 17. Jh. nicht zum Opfer fiel. Alle anderen Vorstädte wurden abgerissen, um Bastionen zu bauen und freies Schussfeld zu haben. Auf der sogenannten **Insel** reiht sich ein mittelalterliches Haus ans andere. Viele tragen noch ihre alten Namen (Zum

Dachs, Zum Rauhen Mann, Zur Sichelschmiede). Hier plätschern keine Bächle mehr, sondern Kanäle. Die Menschen, die hier wohnten, brauchten Wasser. Es war das Gewerbeviertel der Stadt, wo Gerber und Färber, Metzger, Fischer und Ballierer (Steinschleifer) ihrem Handwerk nachgingen. Auch eine Badstube befand sich hier anstelle des heutigen Reinigungsbetriebs. Über die Nutzung musste man sich abstimmen, denn wenn die Fischer ihren Fang in den Reusen frisch hielten, durften die Gerber in den darüberliegenden Kanälen nicht ihre Abwässer entsorgen – eine frühe Übung in der Suche nach einer ›badischen Lösung‹.

Heute ist der pittoreske Teil dieser Vorstadt, die **Gerberau** 3 und **Fischerau** 4 umschließt, ein beliebtes Flanier- und Ausgehviertel. Entlang des Gewerbachs reihen sich kleine, inhabergeführte Geschäfte, Chocolaterien, Concept Stores, Antiquitätenläden und Boutiquen. Dazwischen lauschigen Lokale und Institutionen, wie die Hausbrauerei Feierling, wo man mitten im Sudhaus oder im Biergarten gegenüber sitzt. Ein Wahrzeichen nicht nur des Viertels, sondern auch Freiburgs ist das steinerne 400 kg schwere **Krokodil** 5, das seit 2002 vom Dreisamwasser umspült, nächtens aus

Das Baden war im Mittelalter preislich gestaffelt. Wer als Erster ins Bad stieg, zahlte den höchsten Preis, jeder Nachbadende weniger, der Letzte zahlte nichts, denn er musste ›ausbaden‹, den Bottich reinigen und mit Wasser neu füllen.

INFOS/ÖFFNUNGSZEITEN

Augustinermuseum 7: Di–So 10–17, Fr bis 19 Uhr, 8 €/erm. 6 € (gilt als Tageskarte für die Städtischen Museen)
Museum für Neue Kunst 8: Di–So 10–17, Do bis 19 Uhr, 7 €/ erm. 5 €, beide Museen: www.freiburg.de/pb/,L de/237742.html

KULINARISCHES FÜR ZWISCHENDRIN

Unter den Restaurants hat man die Qual der Wahl, vor allem in der Konviktstraße, wo sich viele Sternerestaurants tummeln. Eine gute saisonale und mediterran inspirierte Küche genießt man im **Lichtblick** 1 (Konviktstr. 41, T 0761 29 28 09 40, www.lichtblick-Freiburg.de, Mo–Sa 11.30–14.45, 18–22, Fei 17–22 Uhr, € bis €€). Mit gutem Kaffee und Kuchen, kleinen Speisen und schönem Blick auf den Augustinerplatz lockt die **manna Spezerei** 2 (Salzstr. 28/Augustinerplatz, https://manna-die-spezerei.de, Mo–Sa 9–18, So/Fei 10–18 Uhr, €).

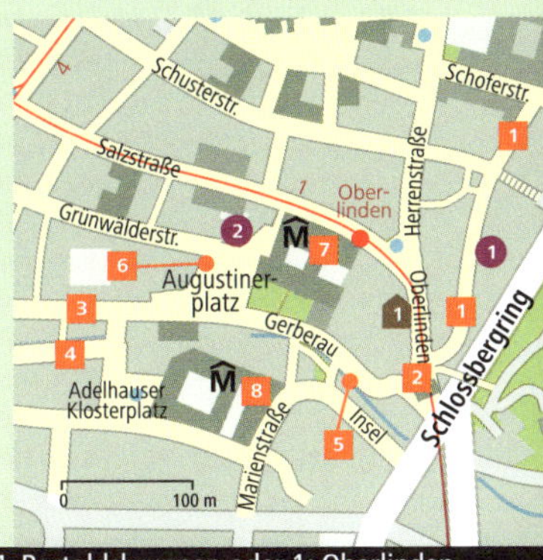

Cityplan: Karte 2 Zentrum, F/G 3 | **Tram** 1–4: Bertoldsbrunnen oder 1: Oberlinden

Jux auch mal umgedreht wird und seit einigen Jahren zu einer Art Trevibrunnen avanciert ist: Die Besucher, die nach Freiburg wiederkehren möchten, werfen Münzen darauf.

Rund um den Augustinerplatz

Ein beliebter Treffpunkt ist der **Augustinerplatz**, wo der Verlauf der Stadtmauer rekonstruiert wurde. An warmen Tagen vor allem am Wochenende, aber auch am Abend ist er Bühne für politische Statements, Bespaßung, Sonnengucker und Nachtschwärmer, die bis spät in die Nacht quatschen, trinken, Musik machen oder hören – zur ›Freude‹ der Anwohner, die sich jahrelang beschwerten. Schließlich griff die Stadt ein: Sie stellte die **Säule der Toleranz** 6 auf. Färbt sie sich gegen 23 Uhr rot, ist es Zeit, die Lautstärke zu reduzieren. Es blieb eine naive Hoffnung, da halfen auch keine runden Tische. Die Anwohner zogen vor das Verwaltungsgericht und bekamen Recht. In der Zwischenzeit hatte die Stadt jedoch einen weiteren Platz gebaut: den dreimal so großen Platz der Alten Synagoge, der nun zum neuen Hotspot Freiburgs avancierte.

Die Kleinodientreppe aus sandfarbenem geschliffenem Beton ist Herzstück und Scharnier des Augustinermuseums. Sie erst ermöglicht den Rundgang durch die Graphische Sammlung.

Benannt ist der Augustinerplatz nach dem angrenzenden ehemaligen Konvent der Augustineremiten aus dem 13. Jh. Später barockisiert, verwandelte sich die Kirche nach der Säkularisation kurzzeitig in eines der ersten Stadttheater Deutschlands, bevor das einstige Kloster zum **Augustinermuseum** 7 wurde (► auch S. 82). Ein Besuchermagnet ist die Skulpturenhalle im Mittelraum der einstigen Kirche mit Originalskulpturen und Wasserspeiern des Freiburger Münsters, flankiert von expressiven mittelalterlichen Skulpturen und Altären aus Holz sowie Gemälden, u.a. Werken von Matthias Grünewald, Lukas Cranach d. Ä. und Hans Baldung Grien. Zu sehen ist auch eine Welte-Orgel mit mächtigem Orgelprospekt. Das in Freiburg ansässige Unternehmen Welte war bis Mitte des 20. Jh. Hersteller von selbstspielenden mechanischen Musikinstrumenten.

Moderne und zeitgenössische Kunst und ein lauschiges Café findet man in nahegelegenen **Museum für Neue Kunst** 8 mit einer Auswahl von Werken der klassischen Moderne, darunter von August Macke und Julius Bissier sowie einem frühen Nachguss des Kusses von Auguste Rodin.

Brennpunkt Politik **– rund um den Rathausplatz**

Politisches Herz der Stadt ist der Rathausplatz mit seinen prächtigen Rathäusern. In der Gerichtslaube tagte im 15. Jh. der erste (und einzige) Reichstag. Ein Stück weiter ließ sich der Schatzmeister des Kaisers das Haus zum Walfisch bauen. Der geschichtsträchtige Basler Hof ist heute Sitz des Regierungspräsidiums.

Freiburg ist immer für eine politische Überraschung gut: Als der parteilose, damals noch im schwäbischen Stuttgart wohnende 33jährige Martin Horn 2018 gegen den scheinbar sattelfest amtierenden grünen Oberbürgermeister Dieter Salomon im zweiten Wahlgang gewann, war die Überraschung groß. Sechzehn Jahre zuvor hatte Salomon selbst für ein nationales Echo gesorgt, als erstmals in einer Großstadt ein Grüner zum Oberbürgermeister gewählt worden war. Doch

Erst Universität, dann das Neue Rathaus am Rathausplatz.

Seit dem russischen Angriffskrieg weht am Rathaus die ukrainische Fahne, schließlich ist Lwiw/Lemberg eine der Partnerstädte Freiburgs. Nicht die einzige. Freiburg zählt zwölf Partnerstädte. Die meisten sind Universitätsstädte. Ihre Wappen zieren als Bodenmosaike den Vorplatz der Rathäuser. Die älteste Partnerstadt ist seit 1959 Besançon, die jüngste Wiwilí in Nicaragua seit 2020.

auch nach der Wahl von Horn bleibt Freiburg eine grüne Hochburg.

Kommunalpolitik im Doppelpack

Politisches Zentrum der Stadt ist der Rathausplatz mit seinen zwei markanten Rathäusern. Im ersten Stock des tiefroten **Alten Rathauses** 1 liegen die Amtsräume des Oberbürgermeisters. Bereits im 13. Jh. befanden sich hier die Arbeitsräume des Stadtschreibers. Unter den habsburgischen Stadtherren wurde 1559 das neue Kanzleigebäude erbaut und 1599 schließlich um das südliche Eckhaus an der Turmstraße erweitert. Trotz der Zerstörungen des Zweiten Weltkrieges haben sich einige originale Details erhalten, wie das Renaissanceportal, dessen zwei Löwen das Wappen des Hauses Habsburg (Bindenschild) und das Wappen Freiburgs, das rote Georgskreuz auf weißem Grund, halten. Auch der Giebel mit dem Doppeladler des Heiligen Römischen Reiches sowie das schmiedeeiserne Glockentürmchen wurden nach dem Krieg wiederhergestellt. In der dahinterliegenden wiederaufgebauten **Gerichts-**

INFOS/ÖFFNUNGSZEITEN

Im **Alten Rathaus** 1, **Neuen Rathaus** 3, der **Gerichtslaube** 2 und dem **Basler Hof** 6 finden keine Innenbesichtigungen statt. Der Öffentlichkeit zugänglich ist das Erdgeschoss des Alten Rathauses, wo die Tourist-Info untergebracht ist.

KULINARISCHES FÜR ZWISCHENDRIN

Burger, ein Synonym für Fast-Food? Nicht bei **derfreiBurger** 1 (Schiffstr. 16, Mo–Sa 11.30–21 Uhr, €). In der Burger-Manufaktur kommt nur 100% Rindfleisch auf den Lavasteingrill, dazu gibt es eigens dafür gebackene Burgerbrötchen aus der Region. Und natürlich gibt es auch eine vegetarische oder vegane Version: der Vauban-Burger. Stilecht zubereiteten *caffè* und süße Versuchungen genießt man mit italienischem Flair im **Fili Café** 2 um die Ecke (Gauchstr. 3, Facebook/fili-café, Mo–Fr 8–18 Uhr, Sa 9–18 Uhr, €).

Cityplan: Karte 2 Zentrum, E/F 2 | Tram 1–4: Bertoldsbrunnen oder Tram 1–5: Stadttheater

laube 2 tagte bis 1901 der Stadtrat. Hier fand 1497/98 auch der vom Habsburgerkönig (und späteren Kaiser) Maximilian I. einberufene Reichstag statt, auf dem erstmals ein Reinheitsgebot für Wein verkündet wurde (► Spalte rechts).

Vielfältige Inszenierungen

Das angrenzende **Neue Rathaus** 3 ist eigentlich das ältere Gebäude. Es entstand durch die Zusammenlegung zweier Renaissancehäuser, die bis zum Einzug des Rathauses als Universität dienten. Zuletzt befand sich hier noch die medizinische Fakultät samt Anatomiehörsaal, heute Spielort des Wallgrabentheaters, das im Sommer auch mal den Innenhof als Bühne nutzt. Im ehemaligen Erkerzimmer des OB finden heute Trauungen statt und auf dem Rathausplatz nicht selten gleich ein ungezwungenes Anstoßen auf das Brautpaar. Das Glockenspiel erklingt jeden Mittag gegen 12 Uhr und manchmal ist auch das Badner-Lied dabei.

Der zündelnde Mönch

Auf dem Platz steht überraschenderweise nicht das Denkmal eines Politikers oder Universitätsprofessors, sondern seit 1855 eines Franziskanermönches: **Bertold Schwarz** 4. Denn im Mittelalter lag hier das Franziskanerkloster mit seinem spätgotischen Kreuzgang. Ende des 18. Jh. aufgehoben, blieb nur der Ostflügel des Klosters erhalten. Die angrenzende Sankt Martins-Kirche – heute weitgehend von Dominikanern geleitet – musste nach dem Krieg wiederaufgebaut werden. Der Legende nach soll Bertold Schwarz ein frommer, aber auch sehr neugieriger Mönch gewesen sein: er versuchte sich im Experimentieren und wollte Goldfarbe aus Salpeter, Schwefel und Holzkohle herstellen. Was geschah, sieht man auf einem seitlichen Relief unter der Statue: Regelmäßig flog ihm alles um die Ohren. Einmal soll die Explosion so stark gewesen sein, dass der Mörser in der Decke steckenblieb – weshalb Bertold Schwarz als Erfinder des Schwarzpulvers gilt. Eine gern erzählte Legende, doch in Europa war das wegen seiner Farbe so benannte Schwarzpulver schon seit dem 13. Jh., bei den Arabern und in China schon weitaus früher bekannt.

Wussten Sie, dass in Freiburg 1498 lange vor dem Reinheitsgebot für Bier ein Reinheitsgesetz für Wein erlassen worden war? Auf dem Reichstag von 1498 erließ Maximilian I. eines der ersten Verbraucherschutzgesetze, wonach der Wein rein und frei von Zusätzen sein sollte. Denn nicht selten wurde der Wein mit Scharlachkraut, Speck, Kalk, Aschenlauge oder Senf ›gestreckt‹ und mit Quecksilber und Vitriol haltbarer gemacht.

Froh wurde Erasmus nicht im **Haus zum Walfisch.** Zecken und Läuse plagten ihm beim Schreiben und dann das ständige Geläut der Sankt Martins-Kirche. Und über die Bächle schrieb er: »Durch alle Straßen dieser Stadt läuft ein künstlich geführter Bach. Dieser nimmt die blutigen Säfte von Fleischern und Metzgern auf, den Gestank aller Küchen, den Schmutz aller Häuser, das Erbrochene und den Harn aller, ja sogar die Fäkalien von denen, die zu Hause keine Latrine haben. Mit diesem Wasser werden die Leintücher gewaschen, die Weingläser gereinigt, ja sogar die Kochtöpfe.« Schon wenige Jahre später zog er zurück nach Basel, wo er 1536 im Münster beigesetzt wurde.

Haus zum Walfisch

In einer Nebenstraße angrenzend an den Glockenturm von St. Martin wohnte im frühen 16. Jh. auch ein Priester und Universalgelehrter, der als der wohl bekannteste und einflussreichste Renaissance-Humanist gilt: Erasmus von Rotterdam. Seine lateinische Neuübersetzung des Neuen Testaments diente Luther für seine Übertragung des Bibeltextes ins Deutsche. Eigentlich lehrte Erasmus in Basel, doch als sich dort die Reformation verbreitete, ging er, der eine Spaltung der Kirche ablehnte, mit dem gesamten Basler Klerus nach Freiburg, denn Freiburg war und blieb eine Hochburg der Katholiken. Die erste evangelische Kirche, die Ludwigskirche, wurde erst 1839 eingeweiht. Erasmus wohnte 1529–31 im **Haus zum Walfisch** 5, das Jakob Villinger, der Schatzmeister Kaiser Maximilians I., wenige Jahre zuvor hatte errichten lassen. Der auffallende spätgotische Erker hat wie durch ein Wunder die Bombardierung überstanden. Auffallend sind die Wasserspeier, wie im Mittelalter häufig in Gestalt von Dämonen oder Tieren. Beim rechten Wasserspeier hat sich der Künstler vom Alltagsleben inspirieren lassen. Dargestellt ist das ›Kropfwieble‹, eine Frau mit einem Kropf, einer Krankheit vor allem in Gegenden, wo es an Salzwasser und Fischen und damit an Jod mangelt. Heute ist das Haus Teil der Sparkasse.

Ein Ort der Macht – der Basler Hof

Während Erasmus nach Basel zurückkehrte, blieb das Basler Domkapitel in der Stadt und erwarb 1587 ein Gebäude an der Kaiser-Joseph-Straße, das Ende des 15. Jh. als Stadtpalais für Konrad Stürztel, einem Kanzler Maximilians I., erbaut worden war: den später so genannten **Basler Hof** 6. Nicht nur der Name auch das Wappen des Fürstbistums Basel über dem Türsturz sowie die Basler Stadtheiligen mit der Marienstatue erinnern noch heute an die Exilresidenz des Basler Domkapitels. Nach dem Krieg diente es kurze Zeit dem Innenministerium der badischen Regierung Wohleb als Dienstgebäude. Mit der Schaffung des Landes Baden-Württemberg 1952 zog dann das Regierungspräsidium ein. Das Wappen von Baden-Württemberg ziert den Boden vor dem Eingangsbereich.

Ein Campus in der Stadt – **rund um die Universität**

Um die Universität herrscht quirlige Campus-Atmosphäre – auch dank des stets belebten Platzes der Alten Synagoge, der sich in der gläsernen Fassade der spektakulären Unibibliothek spiegelt. Beschaulicher geht es im Colombipark zu mit dem wohl schönsten städtischen Museumsbau. Eine höchst anschauliche Reise durch die Universitätsgeschichte kann man im Uniseum unternehmen.

Die Anfänge der Universität

Als 1457 der vorderösterreichische Landesherr Erzherzog Albert VI. die ›Albertina‹ stiftete, sollten in den klassischen Fakultäten Theologie, Jura, Medizin und Philosophie vor allem Beamte und Kirchenleute ausgebildet werden. Anfangs wur-

Die futuristische Universitätsbibliothek inspirierte die Macher der Netflix-Serie Biohackers, in Freiburg zu drehen.

INFOS/ÖFFNUNGSZEITEN

Uniseum 1: Bertoldstr. 17, Do–Sa 14–18 Uhr, Eintritt frei, www.uniseum.uni-Freiburg.de: kostenlose Führungen jeweils um 14.15 und 16.15 Uhr. Kostenpflichtige Karzerführungen nach Voranmeldung mind. eine Woche vorher.
Unibibliothek 5: tgl. 7–24 Uhr, www.ub.uni-Freiburg.de
Tanzbrunnen 6: zu den Abenden s. Facebook
Archäologisches Museum Colombischlössle 7: Rotteckring 5, 5€/ erm. 3 €, www.freiburg.de/pb/,Lde/237910.html

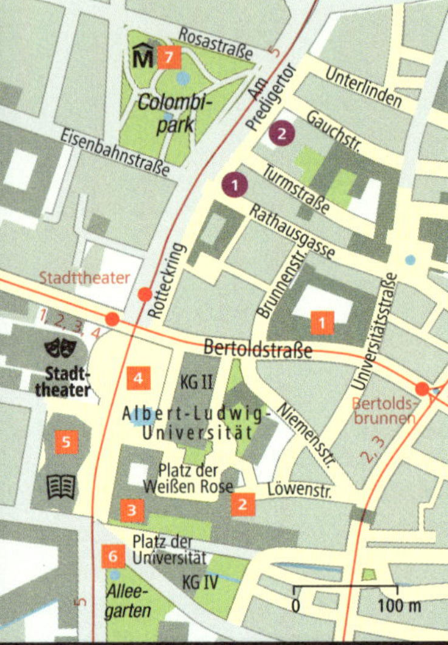

KULINARISCHES FÜR ZWISCHENDRIN

Kreative italienische Küche genießt man mit Blick auf dem Colombipark im **Da Tizio** 1 (Rotteckring 14, T 0761 29 25 711, www.tizio-Freiburg.de, Mo–Sa 9.30–24 Uhr, €€).
Mit bestem Kaffee, Kuchen, Torten und Petit Fours lockt die hervorragende Confiserie des Café **Graf Anton** 2 (Rotteckring 16, T 0761 21 060, Mo–Sa 9–18, So 10–18 Uhr, €).

Cityplan: Karte 2 Zentrum, D/E 1–3| Tram 1–5: Stadttheater

Zu einem ungezwungenen Open-Air-Dancefloor hat sich seit einigen Jahren der stillgelegte **Brunnen** 6 zu Füßen des Mensagartens entwickelt. Tanzwillige bekommen eine Einführung, danach wiegen sich wechselnde Paare, ob Anfänger oder Profis, zu lateinamerikanischen Rhythmen, die von Salsa, Kizomba, Lindy Hop bis hin zu brasilianischem Forró reichen.

den die Vorlesungen in den Wohnungen der Professoren abgehalten, erst Jahre später zog man in das heutige Neue Rathaus. Ein Teil der rund 220 Studenten wohnte gegen Kostgeld bei den Professoren, aber es gab auch schon Studentenwohnheime, die Bursen, in denen strenge Regeln galten: Frauen durften nicht mitgebracht werden, das Glücksspiel war verboten. Wer dagegen verstieß, dem drohte auch schon mal Weinentzug während des Mittagessens, wer es zu bunt trieb, kam in den Karzer, eine Strafe, die erst 1920 abgeschafft wurde.

Wechselvolle Zeiten

Mit Einzug der Jesuiten im Jahr 1620 entwickelte sich die Freiburger Universität bis zur Aufhebung des Ordens Ende des 18. Jh. zu einem Bollwerk des katholischen Glaubens. Erst mit der Aufklärung durften auch Nicht-Katholiken studieren und lehren. An der heutigen Bertoldstraße entstand ein umfangreicher Gebäudekomplex, der mit der Universitätskirche abschloss. In den nach dem Krieg wiederaufgebauten Räumen befindet sich heute unter anderem das sehr sehenswerte **Uniseum** 1, das auf anschauliche Weise die Geschichte der Universität nachzeichnet.

Anfang des 19. Jh. wäre es fast zur Schließung der Universität gekommen, als man befand, dass eine in Heidelberg und eine in Freiburg zu viel für das kleine Baden seien. Großherzog Ludwig willigte schließlich in den Fortbestand der Universität ein. Seither heißt sie Albert-Ludwigs-Universität. Damals durften Frauen noch lange nicht studieren. Doch Freiburg holte auf und avancierte zur ersten Universität, an der sich auch Frauen immatrikulieren konnten. Die erste Studentin hieß Johanna Kappes. Sie schrieb sich zum Wintersemester 1899/1900 ein und praktizierte später als Ärztin in Nürnberg.

Auf dem Weg zur Universitätsstadt

Die Zahl der Studenten stieg rasant. Noch vor dem Ersten Weltkrieg entstand das sandsteinfarbene **KG I** 3 mit dem charakteristischen Turm samt zwei Karzerräumen sowie einer Bibliothek, heute das gegenüberliegenden KG IV. Während des Nationalsozialismus leistet der Freiburger Kreis um den Wirtschaftswissenschaftler Walter Eucken und den Historiker Gerhard Ritter geistigen Widerstand, aber der größte Teil der Uni stand hinter Hitler, auch der Rektor von 1933, Martin Heidegger, der bis zu seinem Tod keine öffentlichen Worte dafür fand. Vor dem Hauptportal, der von den steinernen Philosophen Aristoteles und Platon flankiert wird, findet sich ein Stolperstein, der an seinen Lehrer, den Philosophen Edmund Husserl erinnert, dem 1936 endgültig die Lehrerlaubnis entzogen wurde und dessen Name man aus den Universitätsverzeichnissen strich.

Platz der Alten Synagoge

Ein Treffpunkt nicht nur für Studenten ist der **Platz der Alten Synagoge** 4. Bis 1938 stand hier eine Synagoge. In der Reichspogromnacht wurde sie von Nationalsozialisten in Brand gesteckt. Die herbeigeeilten Feuerwehrleute kamen, aber nur, um ein Übergreifen auf die Universität zu verhindern. Die Umrisse der Synagoge zeichnet

Im Durchgang vom KG III zur Löwenstraße hängt das Faksimile einer **Weltkarte** 2, auf der die von Kolumbus ›entdeckte‹ Neue Welt erstmals als America verzeichnet ist. Sie wurde 1507 von Martin Waldseemüller, einem deutschen Kartografen, erstellt, der einst in Freiburg studiert hatte. Er benannte den Kontinent nach Amerigo Vespucci, da er sich beim Zeichnen der Weltkarte auf dessen Reiseberichte gestützt hatte und dieser erkannt hatte, dass es sich bei der Neuen Welt nicht um Indien, sondern um einen neuen Kontinent handelte. Seit 2005 gehört die Waldseemüllerkarte zum UNESCO-Weltdokumentenerbe.

heute das Bassin auf dem nach ihr benannten Platz nach. Das etwas verloren wirkende Ortsschild Gurs wurde von der Künstlergruppe ›Büro für ungewöhnliche Maßnahmen‹ kurzerhand im Jahr 2000 aufgestellt, um an die mehr als 400 Juden zu erinnern, die 1940 in das Lager Gurs zu Füßen der Pyrenäen deportiert worden waren. Auch wenn die damalige grüne Stadtregierung bei der Anlage des 2017 eröffneten Platzes, bei den Grünanlagen etwas sparte, entwickelte sich der zweitgrößte Platz der Stadt mit Fontänen und Sitzgelegenheiten innerhalb kürzester Zeit zu einem beliebten Treffpunkt für wasserplantschende Kinder, Seifenblasenfänger, Skateboardartisten, diskutierende Studenten, mobile Klavierspieler, zur Speakers Corner für Einzeldemonstranten, aber auch zur Bühne für Massendemos aller Couleur – ein passender Vorplatz für das angrenzende Stadttheater und ein abwechslungsreicher Ausblick für die Studenten, die in der schwarzglänzenden gläsernen **Unibibliothek** 5 (►S. 80) bis Mitternacht büffeln dürfen. Die Arbeitsplätze sind so beliebt, dass zeitweise Pausenscheiben eingeführt wurden.

Nicht nur in der Innenstadt: Mit inzwischen rund 30 000 Studenten ist Freiburg eine Universitätsstadt durch und durch. Um das zu Beginn des 20. Jh. erbauten Kollegiengebäude I (KG I) scharen sich vorwiegend geisteswissenschaftliche und rechtswissenschaftliche Fakultäten, die Medizin und Naturwissenschaften wanderten bereits ab 1850 in die angrenzenden Stadtteile Herdern und Neuburg ab. 1995 kam dann im Westen die Technische Fakultät mit den Ingenieurwissenschaften hinzu. Im Osten der Stadt ist die Musikhochschule angesiedelt, während an der Pädagogischen Hochschule die angehenden Lehrer studieren.

Englischer Park mit römischem Flair

Die Hügel des Alleegartens (auch: Mensagarten) und des Theaters, zwischen denen sich die UB befindet, sind keineswegs künstlich. Sie sind die Überreste der mit Bastionen bewehrten, sternförmigen Festungsmauer, die der Sonnenkönig Ludwig XIV. nach der Einnahme Freiburgs 1677 von seinem Baumeister Vauban errichten ließ und bis zu Ihrem Abbruch in der Mitte des 18. Jh. die Grenzen der Stadt markierten. Auf einer dieser abgebrochenen Bastionen baute sich die zugezogene Gräfin Colombi im Stil der englischen Neugotik das wohl prächtigste Privathaus der Stadt mit allerlei Türmchen, Maßwerk, Fialen und Spitzbögen. Der kleine Stadtpark mit seinen hohen Bäumen, Springbrunnen und Skulpturen gibt noch eine Ahnung des einstigen Landschaftsparks.

Das Haus beherbergt heute das **Archäologische Museum Colombischlössle** 7 mit Funden von der Altsteinzeit zum Mittelalter. Besuchermagnet sind die spannend gestalteten Römerräume mit zahlreichen Funden und interaktiven Stationen.

Anders wohnen – **Sedanquartier und Im Grün**

Die beiden Viertel hinter der Unibibliothek gehören eigentlich zur Innenstadt, doch anders als in der Altstadt hat sich hier ein Kiez entwickelt, in dem nicht nur nette Lokale und innovative Geschäfte, sondern auch verschiedenste Lebensentwürfe zu Hause sind. Eine weit über die Grenzen Freiburgs viel beachtete Idee für die Erhaltung von preiswertem Wohnraum entstand auf dem alternativen Grether-Gelände.

Als das Stadttheater noch unter der Leitung von Barbara Mundel stand (2006–2017), später Intendantin der Münchner Kammerspiele, prangte über dem Theater ein Banner mit der Frage »In welcher Zukunft wollen wir leben?«. Im Viertel

Nachhaltigkeit wird im Viertel groß geschrieben – der erste Unverpacktladen Freiburgs.

Mehr über dieses spannende Viertel? Auf drei Hörspaziergängen nehmen Sie Anna und Arthur mit und erzählen Ihnen Geschichten zu dem Viertel. Die Touren sind abrufbar auf der kostenlosen App guidemate. Dort findet man den Audioguide entweder auf der Karte oder unter ›Freiburg‹. Produziert wurden sie von Radio Dreyeckland und GretherKultur.

Sedanquartier und Im Grün hat man im Laufe der Zeit einiges ausprobiert.

Vor der Stadt

Das **Sedanquartier**, das sich vom Theater und der Unibibliothek Richtung Bahnlinie erstreckt, entstand nach der Reichsgründung und dem gewonnenen Deutsch-Französischen Krieg 1870/71. Längs der Straßen, die nach der Belagerung von Belfort, der Schlacht von Sedan, dem Generalfeldmarschall Helmuth von Moltke sowie dem deutschen Kaiser Wilhelm I. benannt wurden, entstanden repräsentative Häuser im Gründerzeitstil.

Das Viertel **Im Grün** grenzt an die Dreisam. Erst als Freiburg Ende des 18. Jh. über seine mittelalterlichen Strukturen hinauswuchs, entstanden hier erste Wohn- und Gewerbeviertel mit Arbeiterhäuschen. Die Nähe zum Bahnhof, zum Wasser der Dreisam und des Gewerbebachs

INFOS/ÖFFNUNGSZEITEN

Boutique LeSac 3: Hinterhaus Sedanstr. 22 im UG, www.off-Freiburg.de, Di 15–19 Uhr, Do 10–14 Uhr.

KULINARISCHES FÜR ZWISCHENDURCH

Sedan 1 (Sedanstr. 9, Mo–Fr 8–19, Sa 9–18 Uhr, €). **Café Auszeit** 2 (Moltkestr. 16, T 0761 24 264, http://cafeauszeit.com, Mo–Fr 6–17, Sa 7–16 Uhr, kann in der Ferienzeit variieren, €). **Tischlein Deck Dich** 3 (Belfortstr. 25, T 0761 37 441, Mo–Do 8–18,30, Fr 8–14, Sa 9–13 Uhr, €). **Litfass** 1 (Moltkestr. 17, T 0761 25 148, https://litfass-Freiburg.jimdofree.com, Mo–Do und So 17–3, Fr/Sa 17–4 Uhr, Küche bis 23 Uhr), €. **Bodega Geier** 4 (Belfortstr. 38, T 0761 42 96 80 50, www.bodega-geier.de, Mo–Fr 12–14, Mo–Sa ab 18 Uhr, € bis €€). Gute Mittagsgerichte. Ein beliebter Kieztreff ist auch das **Café Wilhelm Moltke** 5 (Moltkestr. 42, Mo–Sa 10–16 Uhr), wo man im Winter gemütlich vor dem Bollerofen sitzen kann, im Sommer draußen und hervorragenden *caffè* bekommt. Dazu gibt eine kleine Auswahl an Snacks und Kuchen.
Crash 2: Schnewlinstr. 7, T 0761 38 29 16, https://crash-musikkeller.de, Fr/Sa 22–5 Uhr.

Cityplan: Karte 2 Zentrum, C/D 2–4 | Tram 1–5: Hauptbahnhof boten dafür ideale Voraussetzungen. Zu einem Musterbeispiel für das Gewerbe des 19. Jh. entwickelte sich die heute unter Denkmalschutz stehende Spechtpassage, benannt nach der Familie Specht, die bis 1986 hier eine Kohlenhandlung unterhielt. Es gab auch Fabriken wie die Eisenfabrik Fauler mit Werkwohnungen und die Maschinenfabrik Grether, wo unter anderem Feuerwehrlöschwagen gebaut wurden, darunter das weltweit erste Feuerwehrfahrzeug mit Verbrennungsmotor. Nach dem Krieg zogen in die ehemaligen Werkstätten und Fabrikhallen eine Vielzahl von kleinen Betrieben ein, später auch alternative Kleinbetriebe und Künstlergruppen.

Mein Lieblingsviertel: unaufgeregt, lebendig und ideenreich.

Nachhaltiger Häuserkampf

Mit dem Rückgang des Gewerbes entwickelte sich das Gebiet zunehmend zu einem bevorzugten, auch preiswertem Wohnquartier. Das erkannte auch die Stadt, die in den 1980/90er-Jahren das Areal zum Sanierungsgebiet erklärte: Häuser wurden abgerissen, kleinteiliger parzelliert und nach der Sanierung privatisiert, repräsentative Bauten wie das Konzert- und Kongresshaus errichtet. Die Sanierungsbestrebungen lösten in den 80er-Jahren im Viertel einen erbitterten Häuserkampf aus. Auch die Gretherfabrik, die den Krieg unbeschadet überstanden hatte, sollte samt angrenzenden Arbeiterhäuschen abgerissen werden. Dem Verein Leben und Arbeiten in der Gretherfabrik gelang es, der Stadt den alternativen Wohn- und Arbeitskomplex in Erbpacht abzutrotzen und in Selbsthilfe zu preisgünstigem Wohnraum auszubauen. Heute leben auf dem **Grethergelände** 1 in selbstorganisierten Mietshausprojekten ca. 100 Menschen. In den Erdgeschossen sind Werkstätten, KItas und Kleinbetriebe, auch das älteste nichtkommerzielle Radio ›Radio Dreyeckland‹ sendet von hier, während sich im sehr alternativen Strandcafé verschiedenste Gruppen treffen. Hier wurde auch eine der wegweisenden Ideen für den Wohnungsbau ›erfunden‹: das Mietshäusersyndikat.

Auch die **Spechtpassage** 2 entzog sich sehr kreativ den städtischen Sanierungsplänen. Nachdem die Stadt einen Verkauf an die Alternativbetriebe abgelehnt hatte, kaufte man sie über eine kurzfristig ins Leben gerufene Immobilienfirma. Heute sind neben Wohnungen verschiedene Läden und das jos

(► S. 108) zu finden, mit seinem lauschigen Innenhof, in dem auch Lesungen und Veranstaltungen stattfinden.

Wohnraum der Spekulation entziehen? Die Idee des Mietshäusersyndikats ist einfach und genial: Jedes Hausprojekt geht mit dem Syndikat eine GmbH ein, die ein Vetorecht beim Hausverkauf hat, was eine Privatisierung der Häuser verhindert. Finanziert werden die Häuser weitgehend über Direktkredite und über die Miete abbezahlt. Ein Teil fließt in einen Solidarfond des Syndikats. Einmal abbezahlt, können weitere Projekte finanziert werden (Führungen auf Anfrage: Mietshäuser Syndikat, Adlerstr. 12, T 0761 28 18 92, www.syndikat.org).

Originelle Läden und ein Park für alle

Neben einigen alteingesessenen Handwerksbetrieben sind neue Geschäfte entstanden wie die **Glaskiste** 1 (Moltkestr. 15), der erste Unverpackt-Laden Freiburgs. Nachhaltigkeit wird im Viertel großgeschrieben und ist keine Floskel. Auch im Kleiderladen **Zündstoff** 2 (Moltkestr. 31) geht fair und ökologisch produzierte Mode über den Ladentisch. Eine Boutique der besonderen Art versteckt sich im Untergeschoss eines Hinterhauses in der Sedanstr. 22, die Secondhand-Boutique **LeSac** 3, wo man gegen eine Spende neben Kleidung auch Schuhe, ausgefallene Accessoires und Haushaltswaren aller Art erwerben kann. Die Einnahmen helfen höchst unbürokratisch Frauen in Not.

Beliebt ist das Viertel auch wegen seiner Lokale. Tagsüber sitzen die Studis im **Sedan** 1 oder auf den dem Parkraum abgeluchsten Flächen im **Café Auszeit** 2. Natürlich gibt es hier keinerlei Einweggeschirr. Auch das vom Auszeit-Macher Benny selbsthergestellte Eis gibt es im Weckglas und für die Milch steht hinter der Theke eine Milchzapfanlage. Einer nostalgischen Zeitreise gleicht der Besuch des verwunschenen **Tischlein Deck Dich** 3. Immer gut besetzt ist am Abend das **Liftfass** 1, einst Deutschlands kleinstes Kneipentheater und heute eines der vielen Wohnzimmer des Quartiers, wo Rauchen noch erlaubt ist, während in der **Bodega Geier** 4, zu Hausbesetzerzeiten eines der Szenelokale, heute spanisch inspirierte Küche serviert wird.

Ein paar Grünflächen hat man sich auch erkämpft: Der **Faulerpark** mit Tischtennisplatte und Boulebahn ist der einzige Spielplatz des Viertels. Als eine Privatschule dort eine ›unterirdische‹ Turnhalle errichten wollte, die sich dann allerdings als 2,80 m hoher überirdischer Bau entpuppte, war der alte Kampfgeist wieder da. Sogar der respekteinflößende Mario vom nahen Punk- und Technoclub **Crash** 1 kam am frühen Morgen zu den protestierenden Anwohnern und spendete einen großen Beutel voller Münzen. Wie es ihm gelungen war, seine Konzertbesucher zu überzeugen? »Ihr knutscht doch auch im Park!«.

Ein Quartier mit Flair – **der Stühlinger**

Einst ein kleinbürgerliches Arbeiterviertel mit viel Gewerbe, ist der Stühlinger heute ein angenehm durchmischtes, internationales Quartier mit viel Flair, kleinen Läden sowie der höchsten Kneipendichte der Stadt. Blickfang und Hotspot für Fotografen ist die Blaue Brücke. Einen architektonischen Kontrapunkt setzt das als Nullenergiehaus konzipierte Rathaus im Stühlinger.

Das Tor zum Stühlinger

Der schönste Zugang zum Stühlinger führt zweifellos über die **Blaue Brücke** 1. Eigentlich heißt sie Wiwilí-Brücke, doch wegen des Anstrichs wird sie schlicht Blaue Brücke genannt. Seit 1886 überspannt die Eisenfachwerkbrücke die Bahnhofsgleise. Damals fuhr noch eine Tram drüber, später auch Autos. Seit sie für den Autoverkehr gesperrt ist, radeln rund 8500 Radfahrer täglich über die Brücke. Sie ist ein wichtiges Scharnier zwischen dem Osten und dem Westen der Stadt

Was es von der Blauen Brücke aus alles zu sehen gibt? Kommen Sie vorbei und schauen Sie!

Grüne Lunge des Viertels ist der **Eschholzpark** 4 mit großzügigen Wiesenflächen, der Kastanienallee und der lauschigen Pergola. Hingucker ist der überdimensional große Gartenschlauch (1983) der Pop-Bildhauer Claes Oldenburg und Coosje van Bruggen, der sich wie eine Achterbahn, dreht und windet und aus dem am Ende nur ein Rinnsal in einen Tümpel fließt. Oldenburg wollte damit auf Freiburgs Bächle Bezug nehmen und mit der Form des Gartenschlauchs auf die Kleingärten verweisen, die inzwischen den benachbarten Schulen weichen mussten.

– und ein Erinnerungsort. Der in scheinbarer Eile vergessene bronzene Mantel auf dem stadtseitigen Brückengeländer erinnert an die Deportation der badischen Juden nach Gurs in der Nacht vom 21. auf den 22.10.1940. Nicht weit entfernt erinnert eine Plakette an Albrecht ›Tonio‹ Pflaum und Bernd Koberstein, die bei einem humanitären Hilfseinsatz in Wiwilí im Norden Nicaraguas von den Contras ermordet wurden. So kam Freiburg zu seiner Partnerstadt und die Brücke zu ihrem offiziellen Namen.

Leben und leben lassen

Fluchtpunkt der Brücke ist die mächtige **Herz-Jesu-Kirche** 2 mit ihrer markanten Doppelturmfassade. Um eine Konkurrenz mit dem Münster zu vermeiden, sollte sie ursprünglich im Stil der Spätromanik errichtet werden. Dass sie heute an den Limburger Dom, einen Paradebau der deutschen Frühgotik, erinnert, ist dem von dort stammenden Baumeister Max Meckel zu verdanken, der auch die Blaue Brücke konzipierte. Das Ergebnis war eine Kirche im historistischen Stil der Zeit mit großer Rosette und spitzbogigen Fenstern. Seit 1984 steht der 1897 eingeweihte

INFOS/ÖFFNUNGSZEITEN

Herz-Jesu-Kirche 2: Mo–Fr 10.30–12 Uhr und zu den Gottesdienstzeiten.

E-Werk 6: Veranstaltungskalender unter http://ewerk-freiburg.de

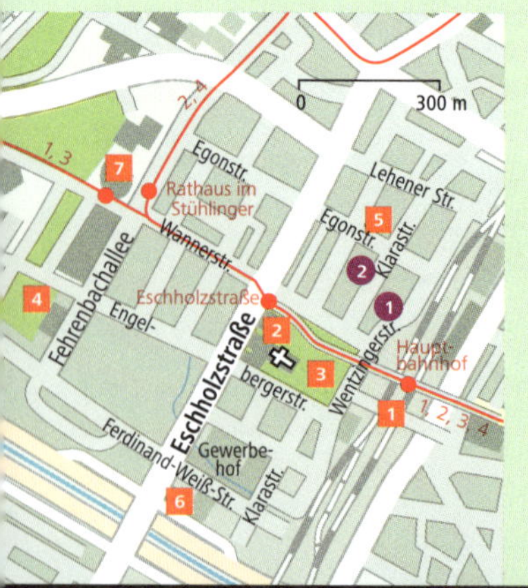

KULINARISCHES FÜR ZWISCHENDRIN

Wer bisher kein Vegetarier war, wird es spätestens im **Café Huber** 1 (Wentzingerstr. 46, www.huber-Freiburg.com, Mo–Sa 9–18 Uhr, €). Hervorragend die selbstgebackenen Quiches und Tortillas, daneben auch Suppen, Salate und köstliche Nachtische.

Das **Café Einstein** 2 (Klarastr. 29, www.cafe-einstein.de, Mo–Do 11–14, Fr 11–1, Sa, So/Fei 10–0/1Uhr, €) in der ruhigen, von Bäumen gesäumten Klarastraße lockt zu jeder Tageszeit mit wechselnder Tageskarte oder am Abend zum Aperitif. Bei gutem Wetter kann man auch im lauschigen Hinterhof sitzen.

Cityplan: Karte 2 Zentrum, A–C 1–3 | Tram 1–5: Hauptbahnhof

Bau unter Denkmalschutz. Davor erstreckt sich als Treffpunkt des Viertels der begrünte **Stühlinger Kirchplatz** 3, eine bunt gemischte Oase in der Großstadt – für manche auch ein sozialer Brennpunkt. Mittwochs und samstags findet ein beachtlich guter Bauernmarkt statt. An schönen Tagen plauschen die Marktbesucher bei einer Tasse Kaffee auf dem Rasen oder sitzen am Brunnen.

Beidseitig des **Eschholzparks** 4 dehnt sich der alte Teil des Stühlinger aus. Bis 1870 gab es hier gerade mal elf Häuser. In der Folge errichtete man für die wachsende Bevölkerung auf einem regelmäßig-rechtwinkligen Straßenraster Wohngebäude in Reihenbebauung, die ein Nebeneinander von Wohnen und Arbeiten erlaubten. Im Zweiten Weltkrieg wurde auch der Stühlinger bombardiert und in der Nachkriegszeit auch westlich der Eschholzstraße erweitert. Heute bleibt es ein auch international sehr durchmischtes Viertel mit einer guten Sozialstruktur und manchmal einem fast dörflichen Charakter, auch wenn der angespannte Mietwohnungsmarkt und die Gentrifizierung zunehmend spürbar sind.

Gewerbe, Kleinbetriebe und Tüftler

Schon früh siedelten sich im Stühlinger viele Gewerbebetriebe an: die Löwenbrauerei, die Pumpenfabrik Lederle und die Orgel- und Orchestrionfabrik Welte, dem die Orgel im Augustinermuseum zu verdanken ist. An die Pumpenfabrik erinnert heute noch der **Lederleplatz** 5 mit seinem ungewöhnlichen roten Pumpen-Brunnen. In den Räumen des einstigen Umspannwerks des Städtischen Gaswerks an der Eschholzstraße zogen mit dem umtriebigen **E-Werk** 6 Kunst, Musik und Theater ein.

UM DIE ECKE

Freiburgs neue Mitte liegt jenseits der Eschholzstraße: Dort stößt man inmitten dichter Wohnbebauung auf das neue hochmoderne **Rathaus im Stühlinger** 7, das nicht nur einen architektonischen Akzent setzt. Der als Nullenergiehaus konzipierte ovale Bau ist über und über mit Photovoltaikanlagen bedeckt und verfügt zudem über Kombi-Kollektoren, die sowohl Strom als auch Wärme produzieren, und einen Gaskessel. Damit gelingt es fast so viel Strom zu gewinnen, wie verbraucht wird.

Welte wurde vor allem als Hersteller von Reproduktionsklavieren bekannt. Sie produzierten aber auch eine kleine Salonorgel für die Titanic. Die Fidelio-Ouvertüre sollte sie auf der Jungfernfahrt der Titanic von Southampton nach New York für die 1308 Passagiere spielen. Doch sie wurde zu spät geliefert. Ihr Glück. Heute steht sie im Museum Mechanischer Musikinstrumente im Schloss Bruchsal bei Karlsruhe.

Alles fließt – **von den Bächle zur Dreisam**

Wie Lebensadern durchfließen die Bächle die Altstadt. Bei einem Spaziergang entlang der künstlich angelegten Wasserläufe erschließt sich die mittelalterliche Ingenieurleistung. Erholung pur verspricht ein Abstecher zur Dreisam.

Jedes Jahr treffen sich die Freiburger im Früh- oder Spätsommer an mehreren Terminen am Bächle zum Bächlepicknick und auch sonst, sobald das Wetter es erlaubt, zum Schmausen und Plauschen. Wo, wenn nicht am Bächle? Die Bächle sind eines, wenn nicht das Wahrzeichen Freiburgs. Aus Sicherheitsgründen zuschütten, wie es in einem Aprilscherz mal hieß, wer käme denn auf so eine Idee? Wo sollen denn sonst die Kinder ihre ersten Kapitänserfahrungen mit dem Bächleboot machen? Die Erwachsenen ihre müden Füße erfrischen und der Bächleputzer Stocky eine seiner vielen Geschichten erzählen? Denn ja, Freiburg hat auch vier Bächleputzer, die tagtäglich die Bächle schrubben und säubern.

Kaptain Ahoi! Ein Bächleboot gehört zur Grundausrüstung eines jeden Freiburger Bobbeles.

Weitverzweigtes Netz

Rund 16 km fließen und plätschern die Bächle durch die Stadt. Erstmals urkundlich erwähnt, werden sie im Jahr 1246. Der **Kilometer 0** 1 befindet sich unmittelbar nach dem Schwabentor. Gespeist werden die Bächle aus dem Wasser der Dreisam, das weit oberhalb im Osten der Stadt am **Sandfang** zunächst in einen Gewerbekanal abgeleitet wird. Durch einen Kanal unter dem Schlossberg hindurch wird das Wasser dann auf der Höhe des Schwabentors ins Bächle geleitet. Über zwei Hauptarme in der Herren- und Salzstraße verlaufen die Bächle durch nahezu alle Gassen der Altstadt, bis sie dann am Rotteckring wieder in den nördlichen Arm des Gewerbekanals münden. Der Gewerbekanal, wesentlich breiter und wasserreicher, bediente weiterhin die außerhalb der ersten Stadtmauer liegenden Handwerksbetriebe in der Gerberau und der Fischerau. Noch heute nutzt die Reinigung Himmelsbach beim Schwabentor das Gefälle, um mit einer doppelgeregelten Kaplanturbine Strom zu erzeugen.

Bachabschlag

Einmal im Jahr, meist Ende September wenn Bachabschlag ist, haben nicht nur die Bächleputzer alle Hände voll zu tun. Dann wird der Gewerbekanal von Grund auf gereinigt. Bevor das Wasser abgelassen wird, holen Sportangler die Fische aus dem Wasser, darunter viele Bachforellen, aber auch Bachneunaugen und Aale, um sie dann wieder in der Dreisam freizulassen. Der Zufluss wird auch unterbrochen bei Baustellen oder bei Festen wie dem Freiburger Weinfest und der Fasnet. Wenn die Dreisam selbst nur wenig Wasser führt, liegen die Bächle auch mal einige Monate trocken.

Gewusst wie!

Auffällig ist das beständige Gefälle der Bächle. Bereits im Mittelalter nahm man massive Aufschüttungen vor, im oberen Altstadtbereich sogar um zwei bis drei Meter. Dies hatte Folgen: Es gibt nicht wenige Häuser, die zwei übereinanderliegende Keller aufweisen, ideale Lagerräume für Wein. Sehr schön zu sehen im **Haus zur Rebe** in der Passage der Schusterstraße 34a/36 2 oder im Untergeschoss des **Gasthaus Zum Roten Bären** 3 in der Salzstraße, wo sich noch heute ein Weinkeller befindet.

Trinkwasser gratis! Schon im Mittelalter versorgte man über ein System von Holzrohren die sogenannten Laufbrunnen mit Trinkwasser. Noch heute gibt es viele solcher Trinkbrunnen, wie den Bertold-Schwarz-Brunnen am Rathausplatz, den Wolfshöhlenbrunnen in der Konviktstraße, den Brunnen gegenüber der Universitätskirche in der Bertoldstraße/Ecke Niemensstraße oder den Sandsteinbrunnen vor dem Schwabentor. Hinzu kommen Trinkwasserstelen wie auf dem Platz der Alten Synagoge.

INFOS/ÖFFNUNGSZEITEN

Termine Bächlepicknick: www.freiburgerleben.de. **Bächleboote** gibt es am Bächlestand in der Münsterstr./Ecke Kaiser-Joseph-Straße, Mo–Sa 9–18 Uhr, sonst auch im REHA-Laden, Moltkestr. 5, www.reha-verein.de, Mo–Sa 9.30–18.30 Uhr, ab 7,95 €. **Stadtführungen** mit dem echten Bächleputzer Alain Stockmayr, alias Stocky meist Do–So, 23 €, https://freiburger-baechleputzer.de.

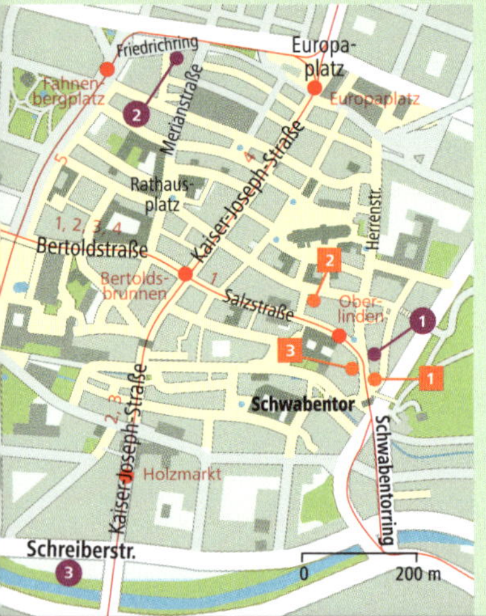

KULINARISCHES FÜR ZWISCHENDRIN

Am Bächle sitzen und wunderbar schmausen kann man beim **Rädle** ❶ (Oberlinden 17, Mi/Do 11–18, Fr 11–19.30, Sa 10–19.30 Uhr, www.raedle-feine-kost.de, € bis €€). Gute Weine direkt am Bächle gibt es auch in der **Weinbar kurz&kork** ❷ (Friedrichring 38, Weinbar Do–Sa ab 18 Uhr, https://kurzundkork.de, €). Das einzige Lokal am Dreisamufer ist das **Café Extrablatt** ❸ (Schreiberstr. 1, T 0761 76 99 14 90, tgl. ab 9 Uhr, €), das über einen kleinen Stadtstrand verfügt. Empfehlenswert ist das Frühstücksbuffet. Hier kann man eine Tour zu Fuß oder per Rad zum Sandfang und zu den Dreisaminseln starten (► S. 85).

Cityplan: F/G 4–5 | Tram 1–4: Bertoldsbrunnen oder Tram 1: Oberlinden

Wer unbeabsichtigt ins Bächle ›dappt‹, soll der Legende nach einen Freiburger oder eine Freiburgerin heiraten. Ob es stimmt? Als ein Münchner auf Besuch nach Freiburg aus dem Auto stieg und ins Bächle fiel, kannte er die Legende nicht. Vier Monate später haben wir geheiratet.

Mittelalterlicher Brandschutz

Anfangs dienten die Bächle auch zur Abfallentsorgung, vor allem aber als Brauchwasser oder als Tränke für die Tiere, aber nicht nur. Durch die Nähe zum Schwarzwald war Holz der Baustoff schlechthin. Was gab es für einen besseren Brandschutz als die Bächle? Nicht zufällig wurde Freiburg im Gegensatz zu vielen anderen Schwarzwaldstädtchen nicht von einer Feuersbrunst zerstört – zumindest bis zum Zweiten Weltkrieg.

Achtung Bächle!

Ursprünglich verliefen die Bächle nicht am Rand der Straße, sondern in der Straßenmitte, wie in der engen Marktgasse beim Münsterplatz. Doch die zunehmende Motorisierung erforderte eine Verlegung. Später wurden sie auch verschmälert, aber komplett verzichten wollte man auf sie nicht. So kommt es immer wieder zu ›Reinfällen‹ wie 2011, als der Wagen von Ex-Bundeskanzler Helmut Kohl in die tiefen Bächle der Herrenstraße geriet.

Schöne Ansichten – **im Gründerzeitviertel Wiehre**

Die Wiehre gehört zu den begehrtesten Wohnlagen. Der Altbaubestand mit großräumigen Wohnungen hat sich gut erhalten. Und mit dem dichten Sternwald und dem aussichtsreichen Lorettoberg ist man gleich im Grünen.

Dass die Wiehre beinahe ein Arbeiterviertel geworden wäre, sieht man ihr heute nicht an. In den von schattenspendenden Bäumen gesäumten Straßen lebt es sich wohl – und ruhig. Großbürgerliches Flair prägt das Viertel mit gründerzeitlichen Fassaden und hohen Altbauwohnungen, nicht selten mit Garten. Brot holt man beim **Brotbruder** 1, dessen bekömmliche Sauerteigbrote mit Bioland-Mehl gebacken werden, im Kunst-Café **artjamming** 1 stehen Farbe und Leinwand zum Experimentieren bereit und im Café **Scheinpflug** 2 auf dem Annaplatz wird das vegane Eis frei von künstlichen Aromen nicht als Kugel berechnet, sondern gewogen.

La Stazione heißt das Lokal im neuen Wiehrebahnhof, wo man an dem mit Lichterketten dekorierten Bahnsteig, in der originalen Bahnhofsvorhalle oder im holzgetäfelten Lokal speisen kann.

Cityplan: Karte 3 Wiehre | Tram 1: Maria-Hilf-Kirche oder Messplatz

KULINARISCHES FÜR ZWISCHENDRIN

Brotbruder 1: Zasiusstr. 9, Mo–Fr 7.30–18 Uhr. **Markt:** Mi 14–18.30, Sa 8–13 Uhr; **artjamming** 1 (Günterstalstr. 41, https://artjamming.de, Mo–Fr 8.30–19, Sa 10–19, So 13–19 Uhr,). Hier können Sie ihre Künstlerader ausleben! **Scheinpflug** 2 (Kirchstr. 48, tgl. 10–19 Uhr, https://scheinpflugeis.com); **Kaffee-Kiste Freiburg** 3 (Dreikönigstr. 47, tgl. 10–17 Uhr). An schönen Tagen stets umlagert ist die mobile Kaffeebar in einer Piaggio Ape, wo man zu köstlichem Kaffee und Gebäck auf einem der wenigen Stühle oder auf der Wiese sitzt. Alternativ lockt **Förster Max** 4 (Dreikönigstr. 46, www.foerstermax.de, Mo–Fr 12–19, Sa/So 10–19 Uhr), ein charmantes Café und Eisdiele mit ausgefallenen Geschmackssorten.

Schöner Wohnen

Die Wiehre wurde erst Ende des 19. Jh. gemeinsam mit dem Dorf Adelhausen, dessen Zentrum der Annaplatz war, ein Stadtteil Freiburgs. Der Name geht vermutlich auf Wuhr (=Wehr) zurück, da hier die damals noch mäandernde Dreisam aufgestaut wurde, um Land zu gewinnen. Ende des 19. Jh. gab es hier viel Gewerbe, Industrie- und Manufakturbetriebe, Fabrikantenvillen, Tagelöhner – und Bürgerhäuser sowie Landwirtschaft. Die zwischen 1870 und 1889 errichtete **Knopfhäusle-Siedlung** 1 (Schwarzwaldstr. 70–76) für die Beschäftigten der einstigen Porzellanknopffabrik Risler ist ein frühes Beispiel für sozialen Wohnungsbau. Die Arbeiter wohnten in zweigeschossigen Reihenhäusern, die meist nur 50 m² groß waren, aber sie verfügten über einen eigenen kleinen Garten für den Anbau von Obst und Gemüse.

Doch schon bald wurde das Gewerbe in das Quartier Stühlinger verlagert und vor allem die Unterwiehre, aber auch Teile der Oberwiehre entwickelten sich zu einem gehobenen Wohnviertel für Unternehmer und solvente norddeutsche Pensionäre. Die Häuser wurden auf Vorrat gebaut. Als um 1890 in Hamburg die Cholera ausbrach, flüchteten etliche reiche Hanseaten nach Freiburg. Der damalige OB Otto Winterer hatte mit Erfolg damit geworben, Freiburg sei dank der medizinischen Fakultät der Universität gut gerüstet. Besonders in der **Zasiusstraße**, **Erwinstraße** und **Goethestraße** sieht man die typischen repräsentativen Doppel- bzw. Gruppenvillen im Historismus und Jugendstil mit gleichartigen Stockwerkgrundrissen und einer Wohnungsgröße nicht selten über 200 m². 1905 besaßen bereits über 35 % aller Wohnungen ein eigenes Badezimmer, in der Gesamtstadt waren es gerade mal 19 %. Weitere prachtvolle Villen stehen im **Holbeinviertel** 2 und am Lorettoberg.

Für die spirituelle Erbauung der schnell wachsenden Bevölkerung errichtete man zwei Kirchen: Für die Katholiken 1899 die **Johanniskirche** 3, auch ›Wiehre-Dom‹ genannt, ganz bewusst in Absetzung zum Münster im Stil der Neuromanik und – gemäß den Vorgaben des damaligen OB Winterer »Ein Dorf hat Dächer, aber die Stadt hat Türme« – mit hohen Türmen und steilen Turmhelmen, für die evangelische Gemeinde die **Christuskirche** 4 (1891), ebenfalls mit einem hohen Turm.

Ein Friedhof als Spielplatz

Noch aus der Zeit, als die Wiehre ein Vorort Freiburgs war, stammt der heute als Spielplatz genutzte **Friedhof** 5. Die einzig erhaltene und weiterhin gepflegte Grabstätte ist das kleine Mausoleum für den von einem preußischen Militärkommando dort hingerichteten Freiheitskämpfer Maximilian Dortu

Im Pfarrhaus der Christuskirche traf sich während der Nazidiktatur der konspirative **Freiburger Kreis** um die Professoren Constantin von Dietze, Walter Eucken, Adolf Lampe und Gerhard Ritter, um über eine neue Staats- und Gesellschaftsform für die Zeit nach dem Zusammenbruch nachzudenken. Sie wurden von der Gestapo 1944 verhaftet und deportiert und entgingen 1945 nur knapp ihrer Hinrichtung.

In einem wahren Baufieber wurden im 19. Jh. Häuser und Villen mit großzügigen Grundrissen und Vorgärten errichtet, mit formenreichen Fassaden, Erkern und Türmchen versehen, mal mit Stein, Klinker oder Putz verkleidet, um Neubürger anzulocken. Mit Erfolg.

Brauerlebnis-Führungen bietet jeden Freitag die **Brauerei Ganter** 6 für ihre ›Ährengäste‹ an, bei denen Sie einen Blick hinter die Fassade werfen können und in die Kunst des Brauens eintauchen können. Die unterhaltsame Führung mit Bierprobe am Zwickeltank, Freigetränk im Kesselhaus und einer frischen Brezel dauert ca. 1 Stunde, ab 14,50 €. Tickets unter 0761 21 85 600 oder online unter www.ganter-brauerlebnis.de.

(1826–1849). Jedes Jahr am 31. Juli organisiert die Initiative zur Erinnerung an die Badische Revolution eine bewegende szenische Gedenkfeier für Dortu und seinen Kampf für Demokratie, Presse- und Meinungsfreiheit.

Das Herz des Viertels

Von Vorteil für die Entwicklung des Viertels war der Bau der Höllentalbahn, die Freiburg mit dem Schwarzwald verband. Auch für die **Brauerei Ganter** 6, die sich Ende des 19. Jh. an der Dreisam ansiedelte und zur größten Brauerei Freiburgs entwickeln sollte. Bis 1930 verlief die Trasse durch die Loretto- und Urachstraße, bevor sie wegen der vielen Bahnübergänge verlegt wurde. Heute nutzt den **Alten Wiehrebahnhof** 7 das Kommunale Kino, ein kleines engagiertes Programmkino, auch Lesungen und Ausstellungen gibt es. Im Sommer kann man den Boulespielern zusehen. Zweimal pro Woche findet hier der neben dem Münstermarkt wohl schönste Markt statt, gelegentlich auch Flohmärkte.

Dörfliches Flair

Ein Stück dörfliches Flair hat sich am **Annaplatz** erhalten, der idyllische Platz mit walmgedeckten Häusern ist beliebter Treffpunkt. Mittendrin das spätbarocke **Annakirchle**, das den beiden frühchristlichen Märtyrern Cyriak und Perpetua geweiht ist. Der Name ging vom Platz auf die Kirche über und erinnert an die erste Priorin des Klosters Adelhausen.

UM DIE ECKE

Vorbei an den schlichten und funktionalen Wohnblöcken hinter dem Alten Wiehrebahnhof gelangt man auf einem kurzen Spaziergang (ca. 15 Min.) über die Bahnlinie zum märchenhaften **Wasserschlössle** 8, von dem man einen fantastischen Ausblick auf die Freiburger Altstadt und das Münster hat. Dahinter verbirgt sich jedoch kein Schloss, sondern ein Hochbehälter, mit dem seit 1895 der Freiburger Osten mit Trinkwasser versorgt wird. Ca. 300 m vor dem Schloss kann man am Stephanienbrunnen das Wasser auch kosten. Sie haben das Schloss irgendwo schon gesehen? Richtig! Vorbild für das Wasserschlössle war das Freiburger Stadtsiegel aus dem Jahr 1245, das man noch heute auf vielen Kanaldeckeln der Innenstadt sehen kann.

Höhenflüge – **der Schlossberg**

#10

Der Schlossberg ist das Tor zum Schwarzwald. Ideal zum Waldschnuppern. Und für jeden ist etwas dabei: für Abenteurer und Flaneure, Geschichtsfreaks und ausdauernde Wanderer. Immer garantiert: fantastische Aussichten.

Der Schwarzwald liegt vor der Toren Freiburgs. Und das ist wörtlich zu nehmen. Denn von der Altstadt aus lässt sich direkt loswandern: Der Schlossberg ist Startpunkt für einen der bekanntesten Fernwanderwege des Schwarzwaldvereins, den 176 km langen Querweg von Freiburg nach Konstanz am Bodensee. Einen Vorgeschmack geben die markierten Rundwege um den 456 m hohen Schlossberg.

Für Flaneure

Es gibt zwei Hauptzugänge zum Schlossberg. Über einen hölzernen Steg am **Schwabentor** 1 gelangt man auf ansteigendem Weg über mehrere Schleifen direkt auf den aussichtsreichen Kanonenplatz. In einer Grotte auf der anderen Seite des Steges gibt es auch einen kostenlosen Aufzug, mit dem

Spätestens am Kanonenplatz werden Sie Freiburg verfallen!

man die ersten Höhenmeter bewältigen kann. Oder man startet am Stadtgarten, von wo man zu Fuß oder mit der **Schlossbergbahn**, einem Schrägaufzug, in wenigen Minuten hinauffahren kann.

Zwischen der Bergstation und dem **Kanonenplatz** 2 führt auch schon der erste Weg, die 1,4 km lange **Flaniermeile,** Teil des Burghalderings, ein breiter rollstuhl- und kinderwagentauglicher Schotterweg ohne Steigungen oder Gefälle mit schönen Aussichten auf Stadt, Münster und Kaiserstuhl.

T
TUSCULUM

Nein, wir sind nicht in den Albaner Bergen südöstlich von Rom. **Tusculum** 4 nannte Ernst Nopper seinen Freisitz. Der wohlhabende Fabrikant ließ ihn um 1910 im antikisierenden Stil für sich und seine Familie errichten – heute ein grandioser Aussichtspunkt.

Eine Festung für den Sonnenkönig

Nach dem Ende des 30jährigen Kriegs fiel das bis dahin habsburgische Elsass an Frankreich. Freiburg wurde Grenzstadt. Schon 1677 standen die französischen Truppen Ludwigs XIV. vor den Toren Freiburgs und eroberten die Stadt und die Burg auf dem Schlossberg. Der berühmte Festungsbaumeister des Sonnenkönigs, Sébastien Le Prestre de Vauban, ließ um die Altstadt eine Festung mit acht Bastionen errichten und baute den Schlossberg mit drei aufeinanderfolgenden Forts zu einer der gewaltigsten Festungsanlagen am Oberrhein aus. Zeitweise waren auf dem Schlossberg bis zu 6000 Soldaten stationiert. Noch zwei Mal – 1713 und 1744 – wurde Freiburg von Franzosen belagert und eingenommen, bis zum endgültigen Abzug der Truppen 1745, bei dem Ludwig XV. die Festung sprengen ließ. Der Trümmerhaufen diente den Freiburgern fortan als Steinbruch.

Für Geschichtsfans und Gipfelstürmer

Wer in die Geschichte des Schlossbergs eintauchen möchte, dem sei die 4,4 km lange **Festungstour** empfohlen. Den Rundweg kann man an der Bergstation oder am Kanonenplatz beginnen, je nachdem ob man Treppenwege lieber hinunter- oder hinaufsteigt. Persönlich bevorzuge ich den Start von der Bergstation aus, weil sich hier die Anlage, von denen nur einige Steine erhalten sind, besser erschließt.

Von der **Bergstation** 3 führt der schnell ansteigende Weg vorbei am Freisitz **Tusculum** 4 immer wieder mit schönen Blicken auf Freiburg und den Kaiserstuhl zu den Überresten der Wegredoute, einem kleinen dem Schloss vorgelagerten Festungsbau. Einen grandiosen Ausblick genießt man vom **Kommandantengarten** 5. Das Obere Schloss war eine zweigeteilte Anlage, bestehend aus dem Petersschloss mit Kapelle, Kasernen, Ställen, Zisternen, Metzgerei, Bäckerei und einigen Werkstätten und dem **Fort Carré** 6, dessen Umrisse mit Betonelementen und Sandsteinquadern sichtbar gemacht wurden. Es war der letzte Rückzugsort des Festungskommandanten im Falle eines Angriffs und durch geschützte Verbindungwege gesichert. Darauf folgt das **›Salzbüchsle‹** 7, ein Wehrturm, der Rest der Sternschanze, mit dem mögliche Angreifer frühzeitig erkannt werden konnten. Der einstige Turm ist heute nur noch ein halbrunder Schuttkegel, doch vom benachbarten 33 m hohen **Schlossbergturm** 8 lässt sich die strategische Bedeutung erahnen. Von der obersten Plattform, dem ›Krähennest‹, genießt man einen grandiosen Rundumblick über die Rheintalebene bis zu den Vogesen nach

INFOS/ÖFFNUNGSZEITEN

Infotafeln an den Rundwegen. Wegbeschreibung: www.outdooractive.com **Schlossbergbahn:** Mo/Di 10–18, Mi–So 9–22 Uhr, www.schlossberg-bahn.de, 3,50 €, Berg- und Tal 6 €.

KULINARISCHES FÜR ZWISCHENDRIN

Kastaniengarten ❶: bei gutem Wetter tgl. 11–23 Uhr, €; **Waldrestaurant St. Ottilien** ❷: geöffnet je nach Wetter, April–Okt. Mo–Sa 12–20, So 10–20, Nov.–März, s. www.st-ottilien.com, €€.

Cityplan: G–J 4/5 | Tram 4/5: Europaplatz oder Tram1: Oberlinden

Im Zweiten Weltkrieg baute man in den Schlossberg zahlreiche Stollen. Einer davon ist der **Hirzbergbunker**, der sich 200 m tief in den Berg zieht. Seit den späten 1990er-Jahren wird er wieder genutzt – zur Züchtung von aromareichen Champignons. Die hohe Luftfeuchtigkeit und konstanten Temperaturen erwiesen sich als ideale Bedingungen. Die Pilzzüchter Peter und Stefanie Metzger verkaufen ihre Champignons auf dem Münstermarkt und an Restaurants.

Frankreich. Von hier führt die **Salzbüchsletreppe** 9 in 251 Stufen hinunter und es folgt ein schönerer Aussichtspunkt nach dem anderen: der **kleine Kanonenplatz** 10 mit seinem Blick auf das Dreisamtal und die Wiehre, die **Ludwigshöhe** 11 an der Schlossbergnase, wo einst die Burg der Zähringer stand und vor allem der bei Sonnenuntergang beliebte **Kanonenplatz** 2, wo das Münster zum Greifen nahe scheint. Stets gut besucht ist der darunterliegende Biergarten **Kastaniengarten** ❶.

Für Kraxler und Abenteurer

Etwas mehr Trittsicherheit erfordert die 2,4 km lange **Mez'sche Abenteuerrunde,** die das verwunschene ehemalige Gartenareal im südöstlichen Teil des Berges erschließt und ebenfalls am Kanonenplatz startet. Die **Mez'schen Gärten** 12 waren im 19. Jh. von der Seidenfabrikantenfamilie Mez hinter deren Villa und dem angrenzenden Betrieb angelegt worden und sollten vor allem der Erholung der Arbeiterinnen und Arbeiter in den Pausen dienen. Der Weg führt heute durch schattige Wälder, von den Gärten sind noch verfallene Treppen und Mauerreste erhalten. Übers Hexenwegle, das zwischen dem Gewerbebach und den Weinhänge des Schlossbergs führt, geht es wieder zurück.

UM DIE ECKE

Zu einer tagesfüllenden Wandertour lädt die rund 14 km lange **Entdeckertour,** die 2023 vom Deutschen Wanderverband unter der Kategorie »naturvergnügen« ausgezeichnet wurde. Sie schließt Teile der anderen Touren ein und führt bis nach **Sankt Ottilien** im Osten der Stadt, wo eines der ältesten Wallfahrtsziele Deutschlands steht. Schon um 1430 ist hier eine kleine Kapelle zu Ehren der hl. Odilia bezeugt, die Wallfahrt begann wohl schon viel früher. Der Legende nach wurde die blinde Tochter eines alemannischen und damit heidnischen Fürsten im 7. Jh. an einer Quelle getauft und erlangte wieder das Augenlicht. Seitdem wird sie bei Augenleiden angerufen. Auch die zu Beginn des 17. Jh. wiedererrichtete Kirche liegt an einer radonhaltigen Quelle, der Heilkräfte zugesprochen wurden. Stärkend und belebend sind auf jeden Fall die Gerichte des benachbarten **Waldrestaurants** ❷, wo man im schönen Garten wunderbar sitzen kann.

Auf der Sonnenseite – **von Neuburg nach Herdern**

Diskreten Charme und herbe Konstraste versprühen die Viertel Neuburg und Herdern. Großbürgerliche Villen ziehen sich die sonnigen Hänge hoch. Dazwischen viel Grün, ein verwunschener Friedhof, ein alter Ortskern auf der einen, ausgedehnte Institutsviertel und ein platzbeherrschendes Gefängnis auf der anderen Seite.

Grüne Oasen

Eine schwungvolle Fußgängerbrücke führt von der Altstadt in den Stadtgarten. Und ja, es täuscht nicht, sie schwingt. Der in Spannbandkonstruktion gebaute **Karlssteg** 1 mit einem nur 25 cm dickem Betonband kann an heißen Tagen auch mal bis zu 40 cm durchhängen. Der **Stadtgarten** 2 mit lauschigem Rosengarten so nah an der Altstadt lockt mit Abenteuerspielplatz und weiten Rasenflächen für Mußesuchende. Zu ei-

Einmal Ausklinken bitte! Im Stadtgarten findet jeder ein Plätzchen für eine Auszeit.

ner Auszeit im Grünen lädt das frankophile **Café Marcel** 1 mit Crossaints, Sandwichs und Suppen sowie Kaffee aus der eigenen Rösterei. Und im Musikpavillon lauscht man im Sommer Konzerten oder schaut Improtheater. Der steinerne Erpel des Keramikers Richard Bampi aus dem Jahr 1953 in einem der Teiche, soll an das Geschnatter eines Erpels erinnern, der kurz der Bombardierung Herderns 1944 so ungewöhnlich laut schrie, dass er die angrenzenden Anwohner warnte. Belegt ist es nicht. Vielleicht war es doch nur eine ›Ente‹.

Nicht nur ein Natur- sondern auch ein Kulturdenkmal ist der verwunschene **Alte Friedhof** 3. Zwischen 1683 und 1872 wurde hier das Who's who der alten Stadtgesellschaft beigesetzt: der Rokoko-Künstler und Architekt Johann Christian Wentzinger liegt ebenso hier wie der Historiker und liberale Politiker des Vormärz Carl von Rotteck oder der Verleger Bartholomä Herder, dessen Enkel an der Habsburgerstraße das noch heute bestehende Verlagshaus gründete. Von Legenden umrankt ist das Grabmal der Ende des 19. Jh. 17jährig verstorbenen Caroline Christine Walter, die auf einem steinernen Bett ruht, das stets mit frischen Blumen geschmückt ist. Die 1720 erbaute barocke Michaelskapelle inmitten des Friedhofs wurde im Zweiten Weltkrieg schwer zerstört, aber samt angebrachten Totentanz originalgetreu wieder aufgebaut.

Mehr über berühmtesten Grabmale des Alten Friedhofs erfährt man dank der Initiative der Freunde des Alten Friedhofs über einen kostenlosen Audioguide. Es reicht, die kostenlose App wo-sie-ruhen abrufen unter www.wo-sie-ruhen.de.

Gesichter der Vorstadt: Neuburg

Auch wenn öfters schon zu Herdern gezählt, ist der Stadtgarten noch Teil der Neuburg. Im Mittelalter lag hier die Vorstadt Freiburgs mit eigenen Mauern. Durch den Vaubanschen Festungsbau im 17. Jh. und später durch die Bombardierungen des Zweiten Weltkriegs fast vollkommen zerstört, entstand jenseits der Habsburgerstraße das weit ausgedehnte naturwissenschaftliche Institutsviertel. Auch das nach dem Entwurf des Architekten Max Meckel im neobarocken Stil zwischen 1910 und 1912 erbaute **Herdersche Verlagsgebäude** 4, das einen ganzen Block umfasst, musste wieder aufgebaut werden. Das ›Rote Haus‹ wird inzwischen auch von der Universität genutzt. Im ehemaligen Papierlager sind die sehenswerten **Archäologischen Sammlungen der Universität** 5 eingerichtet. Neben kleinen Meisterwerken der

INFOS/ÖFFNUNGSZEITEN

Alter Friedhof 3: Eingang an der Stadtstr., April-Okt. 7–20, Nov.–März 8–18.30 Uhr. **Archäologische Sammlungen der Universität 5:** Tennenbacher Str. 4 (Zugang über Habsburgerstr. 114/116), Mo–Do 14–16 Uhr, vorlesungsfreie Zeit und Weihnachtsferien geschl. **Herdermer Bauernmarkt 1:** Hauptstr. 39, Di 15 –18, Freitag 14–18 Uhr. **Botanischer Garten 6:** Schänzlestr. 1, www.botanischer-garten.uni-Freiburg.de, tgl. 8–18 Uhr, Schaugewächshäuser Mo–Do 11–15.30, So/Fei 14–16 Uhr. **Fabrik für Handwerk, Kultur & Ökologie e.V. 7:** Habsburgerstr. 9, www.fabrik-freiburg.de.

KULINARISCHES FÜR ZWISCHENDURCH

Café Marcel 1: im Stadtgarten, https://cafemarcel.de, Di–Sa 10–17 Uhr, im Sommer bis 18 Uhr. Die **Eismanufaktur 2:** Sandstr. 2, www.dieeismanufaktur.de, Di–So 8–21 Uhr. Hausgemachtes Eis ohne Zusatzstoffe. **Hawara 3:** Habsburgerstraße 9, T 0761 88 87 89 82, www.hawara-restaurant.de, Mi–Sa 18–24 Uhr, €€€.

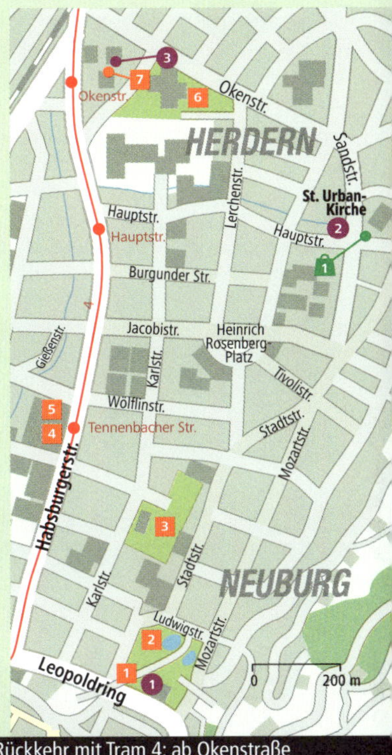

Cityplan: G/H 3/4 | Tram 4/5: Europaplatz; Rückkehr mit Tram 4: ab Okenstraße

griechischen Vasenmalerei bergen sie eine beachtliche Sammlung von Gipsabgüssen, wie den Apoll vom Belvedere, die Venus von Milo oder die Laokoongruppe. Die Bombardierung überstanden hat hingegen das dahinterliegende, 1878 nach dem Vorbild von Gefängnissen in den USA im ›Pennsylvanischen Stil‹ strahlenförmig erbaute Gefängnis.

Nicht weit von dem naturwissenschaftlichen Institutsviertel zeigt eine Markierung den 48. Breitengrad an, den die Habsburgerstraße durchschneidet (südlich der Kreuzung Habsburger-, Albert- und Ludwigstraße).

Vom Winzerdorf zu Klein-Nizza

Auch das weitgehend landwirtschaftlich genutzte **Herdern** blieb vom Krieg weitgehend verschont. Bereits gegen Ende des 20. Jh. hatten sich beide Viertel zu einem geschlossenen Wohngebiet entwickelt. Es entstanden die ersten **Villen und Wohnungen** für betuchte Fabrikanten (Jacobistr. 42) und Professoren (Burgunderstr. 30). Hinzu kamen die zahlreichen vom umtriebigen OB Otto Winterer hergelockten Zugezogenen. Aufgrund seiner

Einen grandiosen Münsterblick genießt man von der Ruhebank am Hebsackweg. Der bis zum Ende ansteigende einen Kilometer lange Weg führt von der Ecke Sandstraße/ Hebsackstraße vorbei an dem einstigen Viehtränkebrunnen mit Narr und dem Licht-Luft- und Sportbad hinauf zu den Hebsackwiesen.

Exklusivität und seines ausgesprochen milden Klimas – durch seine Lage war es von den Winden aus dem Höllental geschützt – erhielt es bald den Beinamen Klein-Nizza. Vor allem rund um die Ecke Mozartstr. (26/28), Stadtstr. (Nr.43) und Tivolistr. (Nr. 15/17) wurden Villen im damals modernen Jugendstil gebaut: Zu sehen sind geschwungene Gesimse und mit naturalistischen Pflanzen- und Tierdarstellungen verzierte Fassaden. Ein weiteres schönes Ensemble hat sich an der **Gießenstraße** erhalten. Auch eine Schule wurde gebaut, das altsprachliche **Friedrich-Gymnasium** (Jacobistr. 22), das noch heute einem Harry-Potter Film entsprungen scheint.

Nach dem Zweiten Weltkrieg zogen sich die Villen weiter die sonnigen Hänge der Eichhalde und Sonnhalde hoch, die OB Winterer mit Panoramastraßen erschließen ließ. Zentrum Herderns blieb der alte Ortskern rund um die Dorfkirche, die dem Patron der Rebleute St. Urban geweiht ist. Denn bis weit ins 20. Jh. wurden an den Hängen Wein angebaut und an der noch heute existierende Hohlgasse trieb man das Vieh auf die Weiden. Auf dem dörflichen Kirchplatz findet jeden Dienstag und Freitag ein überschaubarer, feiner **Bauernmarkt** 1 statt, aber auch ohne Markt bleibt der Platz ein beliebter Treffpunkt, auch dank der hervorragenden **Eismanufaktur** 2, vor der sich im Sommer lange Schlangen bilden.

Exotische Blüten

Immer dem Glasbach folgend, vorbei an den Instituten der Medizinischen Fakultät lockt noch mehr Natur: der faszinierende **Botanische Garten** 6 mit seinen vier Schaugewächshäusern und einer großen Parklandschaft. Rund 6000 Pflanzen sind hier zu entdecken, darunter auch exotische, wie die Vegetation Australiens und Neuseelands oder die tropische Welt des immergrünen Regenwalds. Blüten kultureller und gastronomischer Art blühen nebenan in der **Fabrik** 7. Im Gebäude einer ehemaligen Garnfabrik arbeiten und werkeln zahlreiche alternative Betriebe und Werkstätten. Das ›Vorderhaus‹ ist die Kleinkunstbühne des soziokulturellen Zentrums mit einem Schwerpunkt auf Kabarett. Kulinarische Genüsse verspricht die regionale und feine Küche des **Hawara** 3, das 2023 Gault-Millau mit dem Zukunftspreis ausgezeichnet hat.

Eigen, bunt und grün – **der Modellstadtteil Vauban**

Poppig bunte Häuser, wucherndes Grün und viele Kinder. Das weitgehend autofreie Quartier punktet mit Spielstraßen, einer innovativen Architektur und einem Konzept, das Alltagserlebnis und Begegnung in den Mittelpunkt stellt. Pflichttermin für Stadtplaner auf der Suche nach dem, was Orte lebenswert macht.

»Wir machen uns die Welt, widdi-wie sie uns gefällt!«, verkündet eine ausgelassene Pippi Langstrumpf in Schnürstiefeln an einer Hauswand in der Merzhauserstraße am Eingang zum Vauban. Bis 1992 erstreckte sich hier die weitläufige Kasernenanlage der französischen Streitkräfte, die nach dem Festungsbaumeister Vauban benannt war. Nach dem französischen Abzug beschloss man

Noch immer wohnen im Vauban viele Familien mit Kindern, auch wenn sie inzwischen etwas älter geworden sind. Das Durchschnittsalter liegt bei 35 Jahren und unter 18-jährige machen 20 % der Bewohner aus.

Grüner ist es nirgendwo. Wenn Wahlen anstehen, sticht das Vauban stets heraus: In keinem anderen Stadtteil sind die Grünen so stark präsent. Bei der Bundestagswahl 2021 errangen sie 48,9 % der Stimmen, bei der Landtagswahl 2021 49,2 %, 2019 bei der Europawahl 55,2 %.

durch den Bau eines neuen Quartiers dem chronischen Wohnungsmangel Freiburgs entgegenzuwirken. Geplant war zunächst der Abriss aller Gebäude und eine Neuplanung des Geländes.

Freiköpfig

Schon bald machte sich eine Gruppe engagierter Bürger für die Vision eines ökologischen, weitgehend autofreien Stadtteils stark und ab 1997 begann man mit Unterstützung der Stadt das Konzept eines ökologischen Stadtteils umzusetzen. Zu den zentralen Punkten gehörte ein autoreduziertes Verkehrskonzept mit stellplatzfreien Seitenstraßen, eine nachhaltige dezentrale Wärmeversorgung und ein Quartier, in dem Wohnen und Arbeiten möglich sein sollte. Erstmals räumte man bei der Grundstücksvergabe privaten Baugruppen Vorrang vor Investoren ein.

Herausgekommen ist ein Stadtteil der kurzen Wege für rund 5600 Menschen, darunter viele Familien. Es gibt auch Studentenwohnungen und am Eingang des Vauban die selbstorganisierte unabhängige Siedlungsinitiative (kurz **S.U.S.I.**), die sich anfangs für den Erhalt und die Umnutzung der Mannschaftsgebäude stark gemacht hatte, um durch Selbsthilfe Wohnraum auch für Geringverdiener zu schaffen und nun die ersten vier umgenutzten Kasernen bewohnt. Ebenfalls mit viel Eigenleistung und bürgerschaftlichem Engagement wurde die ehemalige Offizierskantine erhalten, die heute das selbstverwaltete Bürgerhaus **›Haus 037‹** 1 ist, mit Räumen für Theater, Kino, Vereinen, um auch einen Ort des sozialen Miteinanders und der Gemeinschaft zu schaffen, der oft in neuen Quartieren fehlt. Der Stadt abgetrotzt wurde auch der weite **Alfred-Döblin-Platz,** Mittelpunkt des Viertels. Jeden Mittwochnachmittag findet hier ein Wochenmarkt 1 statt.

Innovativ

Was das Vauban selbst nach vielen Jahren noch so spektakulär macht, ist seine Architektur. Alle Gebäude entsprechen dem von der Stadt vorgegebenen Niedrigenergiestandard, der einen Energieverbrauch für Heizenergie von max. 65 kWh/m² im Jahr vorsieht. Daneben gibt es rund 30 Passivhäuser, also Häuser, die kein aktives Heizsystem wie etwa eine Zentralheizung aufweisen und sogar ein Heizenergieverbrauch von unter 15 kWh/m² und Jahr erreichen. Dies wird erreicht durch eine sehr gute Wärmedämmung, mehrfach verglaste Fenster, Südausrichtung und ein ausgeklügeltes Lüftungssystem. Im Vauban betrat man Neuland: 1999 entstand in der Walter-Gropius-Straße 22 das erste **Mehrfamilien-Passivhaus** 2 in Deutschland mit Wohn- und Büroeinheiten, die über einen Laubengang verbunden sind. Man wollte einen Stadtteil der kurzen Wege, in dem Wohnen und Arbeiten beieinander liegen. Der Baugruppe der sog. **Kleehäuser** 3, gelang sogar die Realisierung von Null-Emissionshäusern, wobei die Eigentümer ihren Grundriss individuell gestalten konnten. Drumherum, wie überall, sehr viel Grün und kleine Gärtchen. Bei größeren Mehrfamilienhäusern auf der anderen Seite der Vaubanallee richtete man Grünflächen ein, die in Abstimmung mit den Bewohnern gestaltet wurden, mal mit einer Kletterkartoffel, einem Betonstein zum Klettern, der größten Schaukel Freiburgs oder einem Backhaus für Brot oder auch mal Pizza. Zum Vauban gehört auch eine **Heizzentrale** 4 am Rand des Viertels. Das mit Holzhackschnitzeln befeuerte Blockheizkraftwerk

INFOS/ÖFFNUNGSZEITEN

In der Tourist-Info erhält man ein kostenloses Faltblatt mit Karte und kurzen Erläuterungen. (Gruppen-)Führungen durchs Vauban bieten u.a. die Agenturen Freiburg Kultour und Freiburg aktiv an; auch das Architekturbüro Rolf Disch bietet Führungen (ca. 1 Std.) durch die Solarsiedlung (max. 25 Pers.) und das Heliotrop (max. 15 Pers.), www.rolfdisch.de; **Wochenmarkt**: Alfred-Döblin-Platz, Mi 14–18.30 Uhr.

KULINARISCHES FÜR ZWISCHENDURCH

Süden 1: Alfred-Döblin-Platz 1, www.restaurantsüden.de, Mo–So 11.30–24 Uhr. *Das* Vauban-Lokal mit einer – natürlich – großen Auswahl an vegetarischen Gerichten. Im Sommer mit Außenbestuhlung auf dem Platz. **Café Bedda** 2: Marie-Curie-Str. 1, Mo 12–18, Di 10–18 Uhr. Leckere selbstgemachte Torten und Süßes, darunter auch vegane und glutenfreie Kuchen und hervorragender Kaffee und Espresso unter schattigen Linden. **Hansens Esszimmer** 3: Marie-Curie-Straße 1, https://hansens-esszimmer.de, Mo–Fr 12–14.30 Uhr (► S. 93).

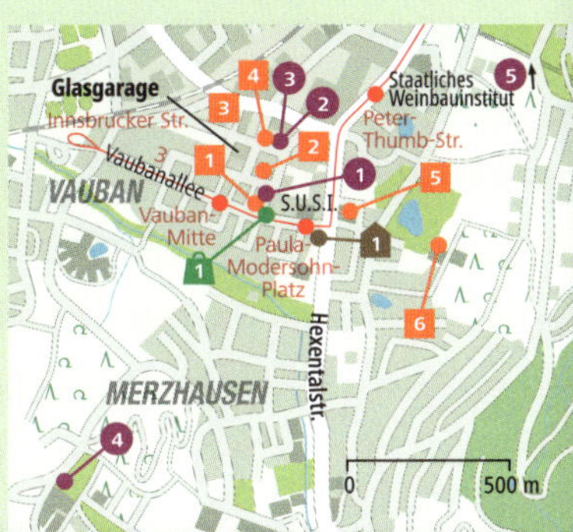

Cityplan: D/E 7 | Tram 3: Bertoldsbrunnen oder Fahrrad (Verleih, ► S. 112)

sichert mit den zahlreichen Photovoltaikanlagen das ökologische Nahwärmekonzept. Es steht in der Clara-Immerwahr-Straße, benannt nach der ersten deutschen Wissenschaftlerin, die einen Doktorgrad in Chemie erwarb. Es ist eine von vielen Straßen im Vauban, die ganz bewusst nach Frauen benannt wurden. Schräg gegenüber eine **Glasgarage**, denn in den stellplatzfreien Straßen darf man nur zum Ausladen vors Haus fahren, dann muss das Auto in die Garage. Doch viele haben bewusst aufs Auto verzichtet: auf 1000 Anwohner kommen gerade mal knapp 200 Autos. Und auch ein Hotel gibt es, das – natürlich umweltfreundliche – **Green City Hotel** 1 (► S. 87).

Emissionsfrei, CO_2-neutral und zu 100 % regenerativ. Mit seinem Heliotrop und seinem ›Sonnenschiff‹ wurde der Solarpionier Rolf Disch zum Wegbereiter für realisierbares energetisches Bauen.

Nachhaltig

Jenseits der Merzhauserstraße entstand dann Anfang des 21. Jh. das kunterbunte **Sonnenschiff** 5, Europas erstes Plusenergie-Gebäude für Büro und Praxen. Auch die dahinterliegenden Reihenhäuser sind Plusenergiehäuser, die mehr Energie produzieren, als sie verbrauchen. Es ist das Flaggschiff des visionären Architekten Rolf Disch, dessen zylinderförmiges Haus auf dem angrenzenden Schlierberg 1994 das erste Plusenergiehaus der Welt war. Das komplett verglaste **Heliotrop** 6 dreht sich mit der Sonne und produziert das Dreifache seines Energieverbrauchs (► S. 81).

Das Vauban mit seinen experimentierfreudigen, kühnen, umweltaktiven Bewohnern oft als Ökoidylle, als bürgerlichen Bullerbü belächelt, hat gezeigt, dass neue Quartiere nicht funktionalistischen Prinzipien folgen müssen, um lebenswert zu sein.

UM DIE ECKE

Kleine Fluchten: Ein Besuch im Vauban lässt sich wunderbar mit einem Spaziergang zu dem hochgelegenen **Jesuitenschloss** verbinden (ca. 30 Min.), wo man auf der Sonnenterrasse des **Café Vikrego** 4 (Jesuitenschloss 1, T 0761 21 43 06 11, Mi–So 12–22 Uhr, Selbstbedienung 12–17 Uhr, https://vikrego-cafe-jesuitenschloss.de, €) einen grandiosen Blick auf den Westen Freiburg und die Rheinebene genießt (► S. 83). Oder man besucht das nahegelegene **Staatliche Weinbauinstitut** 5 (► S. 83), das Degustationen und gelegentlich auch Weinspaziergänge organisiert.

Idylle vor der Stadt – **von der Wonnhalde nach Günterstal**

Eingerahmt von dicht bewaldeten Hügeln liegt Günterstal auf halben Weg zwischen Freiburg und dem Schwarzwald. Eine Wanderung führt vorbei am höchsten Baum Deutschlands, einer märchenhaften Villa und dem Schauplatz einer Revolution.

Günterstal ist Freiburgs südlichster Stadtteil. Er liegt mitten im Bohrertal am Fuß des Schauinsland. Eine breite Grünfläche, die Wonnhaldewiesen, trennt ihn von der Kernstadt. Umgeben von dichtem Wald und begleitet vom Plätschern des Hölderlebach versprüht das Quartier noch heute eine fast dörfliche Atmosphäre.

Bäume aus fünf Kontinenten

Man nähert sich Günterstal am besten über den Stadtwald an der Wonnhalde, wo auch das in-

Zufälle! »Der Wald steht schwarz und schweiget, Und aus den Wiesen steiget / Der weiße Nebel wunderbar«. Im von dichtem Wald umgebenen Günterstal gibt es eine kleine, sehr umtriebige evangelische Kulturkapelle. Sie ist nach Matthias Claudius benannt und doch war er nie hier.

formative **WaldHaus** 1 liegt. Von hier starten verschiedene Pfade: der Skulpturenpfad mit seinen aus Holz geschnitzten ›WaldMenschen‹, der hölzerne Pilzlehrpfad und die fünf Rundwege im **Arboretum**, das Teil des Stadtwaldes ist. Über 1300 Baum- und Straucharten aus mehr als 60 Ländern und fünf Kontinenten wachsen hier, darunter viele pflanzliche Raritäten, wie der erst 1941 entdeckte Urweltmammutbaum aus China, die Methuselah-Kiefer, die bis zu 5000 Jahre alt werden kann, der älteste Baum der Welt, der *Ginkgo biloba* oder die himmelwärts strebende Himalaya-Tanne.

Beten unter Palmen. Eine mediterrane Atmosphäre herrscht rund um das Lioba-Kloster.

Zu Besuch bei der alten Dame

Von hier startet auch der gut ausgeschilderte, fast durchgängig ansteigende Wirtschaftsweg zum höchsten Baum Deutschlands. Auf dem Weg mit vielen beschrifteten Bäumen, einem grandiosen Münsterblick kommt man vorbei am **Marxenbrunnen** 2, hinter dem sich ein riesiger Mammutbaumwald erstreckt. Nach rund 4 km und 180 Höhenmetern erreicht man inmitten weiterer Douglasien die von Freiburger Förstern so getaufte **›Waldtraut vom Mühlwald‹** 3. Die 110 Jahre alte Dame wächst Jahr für Jahr um 30 cm und erreicht inzwischen eine Höhe von 67 m. Der Stammumfang liegt in 1,30 m Höhe bei rund 4 m. Douglasien sind nach dem Urweltmammutbäumen die zweithöchsten Bäume. Sie können über 100 m hoch werden und ein Alter von ca. 600 Jahren erreichen. Von einer Liege kann man den Blick nach oben zur Krone werfen, die sich in den Himmel bohrt.

Von hier folgt man weiter dem Wirtschaftsweg und biegt nach ca. 400 m in den scharf nach links abfallenden Weg, der schon bald in einen Pfad übergeht. Nach ca. 1,5 km folgt man an einer Überführung für Autos mit einer Skulpturengruppe aus drei steinernen Fohlen stets der Beschilderung ›Weg der Revolutionäre‹ hinein nach Günterstal.

Dorf mit Villencharakter

Dass Günterstal bis weit ins 19. Jh. zu den ärmsten Orten in Baden gehörte, sieht man ihm nicht mehr an. Die Straßen säumen größtenteils stattliche Landhäuser, Villen und Einfamilienhäuser mit viel

Grün drumherum. Verdichtung ist in Günterstal bis heute ein Fremdwort geblieben. Die Dorfmitte bildet das Gebiet um den **Torplatz** 4. Das Tor war einst der Eingang zu einer klösterlichen Anlage von Zisterzienserinnen, die sich hier im 13. Jh. ansiedelten. Mit der Aufhebung der Klöster 1806

INFOS/ÖFFNUNGSZEITEN

WaldHaus Freiburg 1: Wonnhaldestr. 6, www.waldhaus-Freiburg.de, Feb.–Okt. Di–Fr 10–17, Nov.–Dez. bis 16.30 Uhr, Jan. geschl.; So/Fei ist das WaldHaus-Café geöffnet: Feb.–Okt. 12–17, Nov.–Dez. 11–16 Uhr. Der höchste Baum Deutschlands, **Waldtraut vom Mühlwald** 3 lässt sich auch von der Bushaltestelle Kyburg (Bus Nr. 21) erreichen. Der etwas steilere Weg führt nach ca. 2,5 km und 150 Höhenmetern ans Ziel (GPS: 47°57‹11.7 N, 07°39‹58.4‹‹ E). **Kloster St. Lioba** 6: Klosterladen Di–Fr 15–17.30, Sa 14–17.30 Uhr; Führungen Kräutergarten Mai–Okt., www.kloster-st-lioba.de.

KULINARISCHES FÜR ZWISCHENDRIN

Gasthaus Kybfelsen 1: Schauinslandstr. 49, T 0761 21 11 99 26, www.kybfelsen-Freiburg.de, Mi–Fr 17–23 Uhr, Sa 15–23 Uhr, So/Fei 12–23 Uhr, €€. Traditionsgasthaus und Ausflugslokal mit schönem Biergarten und klassischen badischen Gerichten, neu interpretiert. Kultstatus besitzt das lauschige **Waldrestaurant St. Valentin** 2 (Valentinstr. 100, www.sanktvalentin.eu, Mi–So 12–23 Uhr, € bis €€) neben einer kleinen Kapelle zu Ehren des hl. Valentin, dem Schutzpatron der Verliebten. Legendär sind die vielen Pfannkuchenvarianten. Für den Rückweg durch den dunklen Wald kann man Fackeln erwerben.

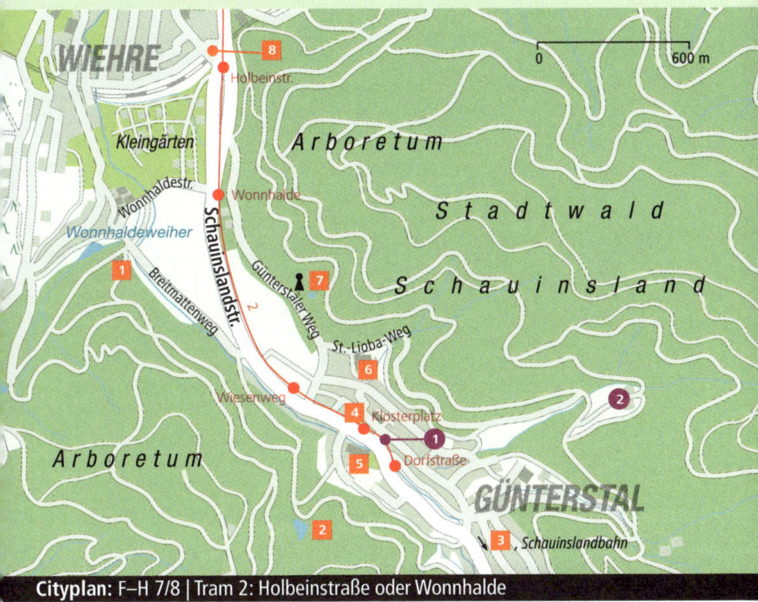

Cityplan: F–H 7/8 | Tram 2: Holbeinstraße oder Wonnhalde

Das **Holbeinpferdle** 8 Unscheinbar und unaufgeregt und doch eine der berühmtesten Skulpturen Freiburg: Das Fohlen von Werner Günter (1936) aus Betonguss, das auf einem kleinen Rasenstück an der namengebende Holbeinstraße steht und nächtens des öfteren umgestaltet wird (► S. 120).

zog in die Klosteranlage eine Baumwollspinnerei der Firma Mez. Mitte des 19. Jh. zerstörte ein verheerender Brand die Anlage. Selbst die **Liebfrauenkirche** 5 musste neu errichtet werden. Geblieben ist der Friedhof, auf dem unter anderen der Philosoph Edmund Husserl liegt.

Einen regelrechten Aufschwung erlebte Günterstal durch die Eingemeindung 1890. Mit dem Bau der Straßenbahn schossen die Gaststätten wie Pilze aus dem Boden, wie der **›Kybfelsen‹** 1 mit seinem schönen lauschigen Kastaniengarten. In dieser Zeit entstanden auch viele prächtige Landvillen. Blickfang des Ortes ist die 1913 erbaute Villa der Familie Wohlgemuth am Waldrand unterhalb des Brombergkopfes, die von einem großen Park mit Zypressen und Pinien umgeben ist. Die luftige Villa mit ihrem ockerfarbenen Wandputz und den roten Ziegeln versetzt einen in die Toskana. Wenige Jahre nach dem Bau der Villa musste Wohlgemuth sie inflationsbedingt an die Benediktinerinnen von der heiligen Lioba verkaufen, die das Gebäude zu ihrem Mutterhaus machten. Hier wohnte 1931/1932 auch die später in Auschwitz ermordete und inzwischen heiliggesprochene Edith Stein, die bei Husserl promoviert hatte. Eine Habilitation wurde ihr als Frau verwehrt. Im Freiburger Münster ist ihr ein Fenster im Chor gewidmet. Bekannt ist **St. Lioba** 6 auch für den großen Kräutergarten und den angeschlossenen Klosterladen.

Als Freiburg auf die Barrikaden ging

Von hier gelangt man am Spielplatz vorbei entlang der Wonnhaldewiesen auf dem Günterstaler Weg wieder zurück. Auf halber Strecke erinnert ein **Gedenkstein** 7 an die demokratischen **Revolutionäre von 1848**. Mit dem Ziel, eine badische Republik zu errichten, wollten sie den Großherzog in Karlsruhe stürzen. Doch als der ›Heckerzug‹ von Konstanz aus aufbrach, blieb der erhoffte Zulauf des Landvolks aus. Die von Gustav Struve angeführten Freischärler marschierten am 23. April von Horben nach Freiburg, wurden aber am Talausgang von den überlegenen badisch-hessischen Truppen zurückgeschlagen. Zur endgültigen Niederlage kam es am Tag danach beim Sturm auf Freiburg, bei der auch die letzten Barrikaden am Schwabentor von den Bundestruppen eingenommen wurden.

Über den Wolken – **der Schauinsland**

Mit seinem Fernblick nach allen Seiten ist der Name des Freiburger Hausbergs Programm. Das ganze Jahr über ist er für jede kleine Flucht zu haben und lockt Wanderer und Stadtflüchter, Fotografen und Genussmenschen, Geschichtenlauscher und Untergrundforscher auf den Gipfel.

Freiburg gehört zu den Städten mit den meisten Sonnenstunden in Deutschland. Im Spätherbst oder Winter sieht es manchmal anders aus: Ein fahler Himmel hängt über der Stadt, Nebel wabert durch die Gassen. Kein Sonnenstrahl dringt durch die dichte Wolkendecke. Da hilft nur noch eines: Hoch auf den 1284 m hohen Schauinsland! In die Berge? Ja, denn bei Hochdruckwetter, wenn die oberen Luftschichten wärmer als die unteren sind, herrscht Inversionswetterlage. Auf dem Schauinsland kann

Inversionswetterlage am Schauinsland: Unten graue Nebelsuppe, oben milde Temperaturen und Sonnenschein.

man dann in der Sonne baden und über das Nebelmeer bis ins Elsass zu den Vogesen oder an klaren Tagen bis in die Schweiz zu den Alpen blicken.

Windflüchter: Winter wie Sommer ein schönes Fotomotiv sind die einst als Unterstand fürs Vieh genutzte Windbuchen südöstlich der Bergstation, dessen Kronen der der stetige Westwind zerzaust hat.

Auf zum Hausberg

Natürlich kann man mit dem Auto hochfahren, schöner und spektakulärer ist es, mit der Gondel in ca. 20 Min. hinaufzuschweben. Als erste Personenseilbahn der Welt, die nach dem Umlaufprinzip gebaut wurde, ist die 1930 eröffnete **Schauinslandbahn** 1 bereits ein Erlebnis für sich. An der Bergstation (1220 m) angekommen, lässt sich der Schauinsland auf verschiedenen gut ausgeschilderten Wegen wunderbar erkunden, zum Beispiel mit dem Schauinslandrundweg.

360° Panoramablick

Nur rund 700 m sind es von der Bergstation bis zum Gipfel. Wer die 83 Stufen erklimmt, genießt einen grandiosen Fernblick vom 31 m hohen **Schauinslandturm** 2, dessen Stützpfeiler aus Douglasien sind (bis mind. Sommer 2024 wg. Sanierung gesperrt). An klaren Tagen kann man auch Berggipfel wie Eiger oder Mont Blanc sehen. Ein Trampelpfad führt vorbei an den für den Schauinsland charak-

Nur 83 Stufen bis zur Aussichtsterrasse.

INFOS/ÖFFNUNGSZEITEN

Für den Ausflug sollte man sich mindestens einen halben Tag Zeit nehmen. An Wochenenden und in der Hochsaison empfiehlt es sich, die Führungen im Museumsbergwerk vorab zu reservieren.
Schauinslandbahn 1: Bohrerstr. 11, www.schauinslandbahn.de, Juli–Sept. 9–18 Uhr, sonst bis 17 Uhr, Berg- und Talfahrt 14 €/erm. 9,50 €, einfache Fahrt 10,50 €/erm. 7,50 €. Rund um die Bahn werden verschiedene Touren angeboten, z.B. **Techniktour** (So 15 Uhr, ca. 45 Min., 5 €), bei der man einen Blick hinter die Kulissen werfen kann, **Schaffnertour** (ab 22 €, ca. 60 Min.), bei der man sich mit Schaffner Emil auf eine Zeitreise begibt. Weitere Infos unter www.bergundbahn.de.
Am Ticketschalter ist eine kostenlose Wanderkarte erhältlich.
Schniederlihof 4: Gegendrumweg 3, Mai–Okt. Sa, So/Fei 12–16 Uhr. Kiosk mit Kuchen, Vesperbrettle und Getränken. Führungen (ca. 1 h, 4,50 €) möglich, außerhalb der Öffnungszeiten nach Absprache: schniederlihof@oberried.de. **Museumsbergwerk** 5: Schauinslandstr. 390, www.schauinsland.de, Führungen Ostern–Anfang Nov., Juli–Mitte Sept. tgl. 11.30–15.30 Uhr, 7 €/ erm. 5€, Dauer ab 45 Min. Temperatur im Bergwerk ganzjährig + 10 °C! Vor Ort nur Barzahlung möglich.

KULINARISCHES FÜR ZWISCHENDURCH

Berggasthof Gießhübel 1: Stohren 17, https://gasthof-giesshuebel.de, Fr–Di 11–20 Uhr, €€. Uriger Gasthof mit Terrasse und herrlicher Aussicht, guten badischen Gerichten und feinen Kuchen.
Holzschlägermatte 2: Schauinslandstr. 359, www.holzschlaegermatte.de, Mi–So 12–22 Uhr. Schnucklige Traditionsgaststätte auf halben Weg zum Schauinsland mit klassisch badischer Speisekarte, wie saure Leberle mit Brägele, € bis €€.

Cityplan: Karte 4 Regio, C 3 | Tram 2 bis Endstation, weiter mit **Bus** 21 bis Talstation

teristischen Weidbuchen, die die Bauern als Schattenplätze für das Vieh erhielten, zum **Engländerdenkmal** 3, das an die verhängnisvolle Wanderung einer englischen Schülergruppe im April des Jahres 1936 erinnert. In Unkenntnis der Wetterlage geriet sie in einen Schneesturm und verlor die Orientierung. Dank dem Läuten der Hofsgrunder Kirche und dem Einsatz der Hofsgrunder Bauern konnte ein Großteil der Kinder gerettet werden.

Raues Leben in kargen Höhen

Wie rau das Leben auf einem Schwarzwaldhof war, erlebt man bei einer Führung auf dem 1593

Sehr zu empfehlen ist die kostenlose Lauschtour-App mit vielen Infos und Originalinterviews zur Bahn und dem Schauinsland. Infos unter www.bergundbahn.de/lausch-tour.

erbauten **Schniederlihof** 4. Vom Engländerdenkmal folgt man zunächst dem links abgehenden Weg, der nach einer scharfen Rechtskurve mit schönem Blick auf den Feldberg als abfallender Kräuterpfad zum Hof hinunterführt. Der Hof auf 1050 m Höhe wurde bis Mitte des 20. Jh. bewirtschaftet. Unter dem großen Walmdach befanden sich sowohl Wohnräume als auch der Stall, und die Küche war zugleich Räucherkammer. Die Tische vor dem Haus mit schönem Blick auf Hofsgrund dienen heute zum Vespern. Von hier folgt man weiter dem nun breiten Weg, der nach einer Wassertretstelle auf rechter Seite wieder ansteigt. Kurz bevor es wieder in den Wald geht, folgt man einem ansteigenden, nicht markierten Pfad nach links.

Glück auf!

Früher standen in dieser unwirtlichen Gegend weitere einfache Häuser, die vermutlich mit dem Silberabbau zusammenhingen. Denn am Schauinsland wurde rund 800 Jahre lang nach Silber, Blei und Zink gesucht. Vor allem das gewonnene Silber wurde in Freiburg auch geprägt und verkauft. Der Bergbau verhalf der Stadt zu großem Reichtum und ermöglichte es, den Bau des Münsters noch im Mittelalter fertigzustellen. Doch schon bald rentierte sich der Abbau nicht mehr.

In nur 20 Minuten Fahrzeit überwinden Sie einen Höhenunterschied von 747 m. Bei schönem Wetter reicht der Blick aus der Gondel von der Rheinebene über den Kaiserstuhl bis in die Vogesen.

Unzählige Stollen durchziehen den Berg, die nun anders genutzt wurden, wie der ›Hebammenstollen‹, durch den die Hebammen vor allem im Winter von Hofsgrund schnell nach Kappel gelangten, aber auch Schüler nutzten ihn, um den Schulweg abzukürzen. Von besonderer Bedeutung ist der Barbarastollen, denn in ihm lagert das kulturelle Gedächtnis Deutschlands. In einer Tiefe von 400 m sind hier 1500 Jahre deutsche Geschichte auf Millionen von Mikrofilmen gebannt in Edelstahltonnen verwahrt. Genutzt werden die Gänge seit 1954 nicht mehr, aber bewehrt mit Grubenlampe, Handschuhen und Helm kann man einen Teil der **Grube Schauinsland** 5 im Rahmen von verschieden langen, aber immer spannenden Führungen mit oder ohne Leiternabstiegen besichtigen. Von der Grube führt der Asphaltweg dann wieder zum Ausgangspunkt zurück.

Schwarzwald erleben – **die badische Höllentalbahn**

Das Höllental ist das Tor zum Schwarzwald. Von Freiburg führt eine mehrspurige, stark befahrene Straße hinauf. Entschleunigter, aussichtsreicher und spektakulärer ist eine Fahrt mit der Höllentalbahn. Oben angelangt hat man je nach Jahreszeit die Wahl der Qual: Langlaufen, Wandern oder gleich in einen der vielen Seen springen?

Vom Ende des Dreisamtales bis Hinterzarten überwindet der Zug in knapp 20 Minuten auf 12 km mehr als 400 Höhenmeter. Die eingleisige Trasse zählt zu den steilsten Bahnstrecken Deutschlands. Früher musste der Abschnitt zwischen Hirschsprung und Hinterzarten noch als Zahnradbahn betrieben werden, um die Loks bergan zu ziehen oder bergab zu bremsen. Bereits 1936 wurde die Strecke elektrifiziert. Eine Besonderheit sind die vielen Tunnel und Brücken. Spektakulär ist der Blick vom 36 m hohen Ravennaviadukt.

Das 36 m hohe und 224 m lange Viadukt wurde als Nachfolgebrücke der im Zweiten Weltkrieg gesprengten Brücke errichtet. Sie ist die einzig beheizbare Brücke in Deutschland. So können die Lokomotiven auch im Winter trotz Eis und Schnee die Steigung von über fünf Prozent bewältigen.

Pack die Badehose ein!

Mit der Einweihung der Höllentalbahn 1887 kamen die ersten Wintersportler. **Hinterzarten** entwickelte sich zu einem Zentrum des Skisportes. Fernskiwanderwege und Langlaufloipen starten von hier. **Titisee** hingegen lockt mit seinem Gletschersee. Die fußgängerfreundliche, aber wenig Charme versprühende Hauptstraße zum See ist täglich Ziel für Scharen von Besuchern. Ruhige und naturnahe Strandabschnitte findet man vor allem an der Nordwestseite. Mit der **Dreiseenbahn** erreicht man ab Titisee weitere Seen. Größter Schwarzwaldsee ist der **Schluchsee** (Haltestelle Seebrugg oder Aha), ebenfalls ein Gletscherzungensee, der sich durch den Bau der 35 m hohen Staumauer auf über 5 km² ausdehnt. Im Sommer ein Lieblingsort

INFOS/ÖFFNUNGSZEITEN

Die **Höllentalbahn** fährt im Halb-Stunden-Takt ab Freiburg. In Titisee teilt sich die Strecke in die Hauptstrecke nach Donaueschingen und die **Dreiseenbahn** zu den anderen Seen. Wanderkarten s. www.hochschwarzwald.de.
Aqua Fun ❶: Schluchsee, Freiburger Str. 16, T 0766 56 571, in der Badesaison, meist ab Ende Mai–Sept. tgl. 9–19 Uhr. Direkt am Schluchsee liegt das Freibad mit Riesenrutsche und beheiztem Becken.
Fahrradverleih am Schluchsee ❷: Floris an der Staumauer, An der Staumauer 1, T 0159 02 54 21 27, www.staumauer-schluchsee.de, Mitte Juni–Anfang Sept., auch Bootsverleih. Mit Kiosk und Biergarten. **Löffeltal-Mühlen:** Vorführungen Mai–1.Okt. 1. und 3. So 11.30–15.30 Uhr, www.heimatpfad.de.

KULINARISCHES FÜR ZWISCHENDRIN

Vesperstube Unterkrummenhof
❶: Schluchsee, Unterkrummenweg 3, T 07656 15 00, www.unterkrummenhof.info, Mi–Mo 10–18 Uhr, auch Picknickkorb zum Mitnehmen, €.

Cityplan: Karte 4 Regio, B–E, 2–4 | **S-Bahn:** S 1 oder S 10 ab Hauptbahnhof

von Seglern, Paddlern und Wasserratten, ziehen im Winter Skifahrer ihre Runden. Sehr zu empfehlen ist eine Fahrradtour rund um den See. Einkehren kann man im urigen **Unterkrummenhof** 1. Etwas kleiner, aber sehr charmant ist der naturbelassene, von Wald eingefasste **Windgfällweiher** (ab Haltestelle Altglashütten oder Aha, ca. 2 km) mit nostalgischem Strandbad (Stand-Up-Paddel-Verleih).

Riesenkuckuck am Hofgut Sternen. Für die im Schwarzwald hergestellten Kuckucksuhren gibt es seit 2023 ein EU-Herkunftslabel.

Wanderlust ab Hinterzarten

Unzählige Wanderwege durchziehen die Landschaft. Ein echtes Wandererlebnis ist vom **Bahnhof Hinterzarten** 1 die rund 8 km lange, gut ausgeschilderte **Rundwanderung durch die Ravennaschlucht**. Der mit einem Mühlrad markierte Heimatpfad führt zunächst entlang des Rotbachs durchs Löffeltal vorbei an alten Sägewerken, Mühlen und einer Seilerei. Nach der Unterführung der B 31 gelangt man zum touristischen Hotspot **Hofgut Sternen** 2 mit einer riesigen Kuckucksuhr, einer Glasbläserei und einem alten Zollhaus. Am Restaurant erinnert ein Wandgemälde an den Hochzeitszug der späteren Marie Antoinette, die hier 1770 auf ihrem Weg nach Frankreich übernachtete. Auch Goethe machte 1779 dort Halt. Seit dem frühen Mittelalter befand sich hier eine wichtige Durchgangsstation der Handelsstraße, die vom Rheintal über Freiburg in den Schwarzwald führte. Hier steht die älteste erhaltene Kirche im Südschwarzwald, die 1148 geweihte **St. Oswald Kapelle** 3 (Schlüssel gegen Pfand an der Rezeption des Hofguts Sternen). Hinter dem imposanten **Ravenna-Viadukt** kraxelt man weiter auf schmalen Holzstegen und Treppen die wildromantische **Ravennaschlucht** 4 hinauf, deren Flusslauf in mehreren meterhohen Wasserfällen zu Tal rauscht. Wieder aus der Schlucht, erreicht man vorbei am Birklehof Hinterzarten.

Ein beliebtes Postkartenmotiv ist schon der erste Bahnhof am Ende des Dreisamtals: Himmelreich mit seinem mintgrünen Anstrich. Direkt daneben das inklusive **Gasthaus zum Himmelreich** 2 (Himmelreich, T 07661 98 62-0, https://hofgut-himmelreich.de, tgl. 12–21, 14–17.30 Uhr Vesperkarte, € bis €€) mit bester regionaler Küche, teilweise in Bio-Qualität.

EINTRITTSKARTEN *in eine andere Welt …*

Neben dem Augustinermuseum (► S. 32) *gibt es in Freiburg weitere spannende Museen, hier meine persönlichen Favoriten:*

UND JETZT ENTSCHEIDEN SIE!

Planetarium
7,50 €, erm. 5 €, auch Familienkarten / Vorführungen s. Programmübersicht

Kein Museum und auch keine Sternwarte, aber ein Ort, an dem man eine faszinierende Reise durch Raum und Zeit unternehmen kann, zu Planeten und ihren Monden, zu fernen Galaxien und Sternen.

JA NEIN

Karte 2, D1, www.planetarium-freiburg.de

Museum für Stadtgeschichte
3 €, erm. 2 € / Di–So 10–17 Uhr

Schätze aus 900 Jahren Stadtgeschichte locken im barocken Wohnhaus des Künstlers J. C. Wentzinger (1710–1797). Besuchermagnet: das Modell der Münsterbaustelle im Mittelalter.

Karte 2, G 3, www.freiburg.de/pb/,L de/238004.html

JA NEIN

Haus der Graphischen Sammlung im Augustinermuseum
5 €, erm. 3 € / Di–So 10–17, Fr 10–19 Uhr

Rund 90 000 lichtempfindliche Grafiken lagern hier, die wechselweise präsentiert werden. Ein architektonischer Blickfang ist die spektakuläre ›Kleinodientreppe‹.

Karte 2, F/G 3, www.freiburg.de/pb/986862.html

JA NEIN

PEAC
Eintritt frei / Di–Fr und So/Fei 11–17 Uhr

Farbe! – könnte das Motto dieses privaten Museums für zeitgenössische Kunst lauten. Neben bedeutenden Werken des Radical Painting liegt der Fokus auf monochromer Malerei und Minimal Art.

JA NEIN

nördl. G 1, www.peac.digital

Zinnfigurenklause im Schwabentor
2 €, erm. 1 € / ab 3. Sa im Mai–3. Okt. Mo–Fr 14.30–17 Uhr, Sa/So 12–14 Uhr

Wo standen die Barrikaden der 1848er Revolution? Die im Turm verteilten Schaukästen erlauben einen guten Einblick in die Geschichte der Freiheitsbewegungen und in die Sozialgeschichte.
Karte 2, G 3, www.zinnfigurenklause-freiburg.de

JA NEIN

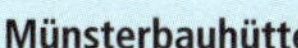

Fasnetmuseum
4 €, 3 € inkl. Führung (ca. 45 Min.), Sa 10–14 Uhr

Im Haus Zum Grünen Jaspis präsentieren die Freiburger Narrenzünfte ihre originalen *Häs* (Kostüme), holzgeschnitzten Masken und ›Werkzeuge‹, wie Schweinsblasen und Schellenstäbe.
Karte 2, E 2, fasnetmuseum@breisgauer-narrenzunft.de

JA NEIN

Münsterbauhütte
6 €, erm. 4 € / Sa 13 Uhr, nur im Rahmen einer Führung zu besichtigen (ca. 45 Min.)

Seit über 800 Jahren existiert die Münsterbauhütte. Bei einer Führung erfährt man, wie die Steinmetze noch heute Wasserspeier und Kreuzblumen aus dem Stein herausarbeiten.
Karte 2, G 3, www.muensterbauverein-freiburg.de/muensterbauhuette

JA NEIN

Museum für Natur und Mensch
5 €, erm. 3 € / Mi–So 10–17 Uhr, Di 10–19 Uhr

Neben einer Ausstellung zur Erd- und Bergbaugeschichte Süddeutschlands laden Erlebnisräume zur Erkundung von Flora und Fauna ein. Renner ist die Ausstellung ›Vom Ei zum Küken‹.
Karte 2, F 3, www.freiburg.de/pb/,Lde/238070.html

JA NEIN

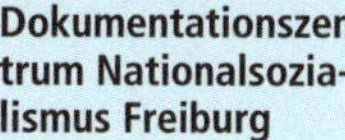

Dokumentationszentrum Nationalsozialismus Freiburg
3 €, erm. 2 € / Eröffnung voraussichtl. Ende2024/Anfang 2025

Im 1936 erbauten, ehemaligen Verkehrsamt wird nun auch in Freiburg eine Gedenkstätte zum Thema Nationalsozialismus als ein Ort des Gedenkens und der Information eingerichtet.
Karte 2, E 2, https://nsdoku.freiburg.de

JA NEIN

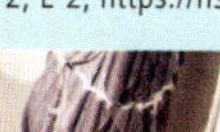

Moderne Visionen – architektonische Ausrufezeichen

Wer durch die Freiburger Altstadt schlendert, stößt auf viele historische Bauten. An manchen Stellen möchte man glauben, in Freiburg wäre die Zeit stehen geblieben. Doch der Eindruck täuscht.

Klimapositiv
Rathaus im Stühlinger E 4

Das von ingenhoven architects konzipierte und 2018 fertiggestellte Rathaus im Stühlinger ist mit seinem ellipsoiden Grundriss nicht nur ein repräsentatives Verwaltungsgebäude, sondern auch ein bemerkenswertes Beispiel für nachhaltige Architektur. Es ist das weltweit erste öffentliche Gebäude mit Nullenergie-Vorgabe. Ziel ist es, mehr erneuerbare Energien aus regenerativen Quellen zu gewinnen, als es für die Beheizung, Kühlung und Beleuchtung benötigt. Um dies zu erreichen, nutzt man nahezu die gesamte Gebäudehülle zur Energiegewinnung. Auf dem Dach und an der Fassade des Rathauses befinden sich rund 800 Solarpaneele, die deckenhohen Glasflächen weisen eine dreifache Wärmeschutzisolierung auf und die thermische Energie für Wärme und Kälte erfolgt durch eine Grundwasser-Wärmepumpe und Solarthermie. An kalten Tagen steht ein mit Biogas befeuerter Gaskessel zur Verfügung. Und es funktioniert! Das Monitoring nach Inbetriebnahme ergab: Der tatsächliche Verbrauch des Gebäudes führte zu keinerlei zusätzlichen CO_2-Emissionen.

Fehrenbachallee 12, Tram 1–4: Rathaus im Stühlinger

Schwarzer Diamant mit Ecken
Unibibliothek Karte 2, D 3

Der vom Basler Architekten Heinrich Degelo entworfene und 2015 eingeweihte

Jeder Quadratmeter an der Außenseite des Rathauses im Stühlinger dient der Energiegewinnung. Sowohl Dach als auch Fassade sind über und über mit Photovoltaikelementen bedeckt.

Bau mit seinen unterschiedlich geneigten Wänden aus Edelstahlpaneelen und Glasplatten wurde mal als schimmernder Kristall, mal als dunkler Todesstern bezeichnet. Wie ein Chamäleon ändert er sein Aussehen: Bei schlechtem Wetter wirkt er düster, bei Sonne changieren die Farben. Von innen transparent, spiegeln die Wände die Umgebung in immer neuen Facetten wider. Nachts schimmert er dank der waagerecht aufgehängten Röhren von innen. Strom liefert die mit 2 000 m² größte innerstädtische Photovoltaik-Anlage auf dem Dach. Der avantgardistische, innen höchst komfortable Bau mit Plauder- und Leseecken und fantastischen Ausblicken durchlief auch einige Pannen: So stellte man schon ein Jahr nach der Einweihung fest, dass die Fassade an manchen Stellen undicht ist, Türen klemmten, und noch heute muss im Frühjahr und Herbst die Südostecke mit einem Sonnensegel verdeckt werden, um die Verkehrsteilnehmer nicht zu blenden.

Info ► S. 40

Der Sonne nach

Heliotrop 🕮 E 7

Eine Sensation war das 1994 erbaute erste Plusenenergiehaus der Welt des Architekten Rolf Disch, inzwischen ein Kulturdenkmal. Der zylindrische Bau ruht auf einer Säule, in deren Innern sich neben der Wendeltreppe ein Drehmechanismus befindet, der es dem Haus erlaubt, sich mit der dreifach verglasten Seite der Sonne zuzuwenden oder aber ihr in heißen Sommern seine geschlossene Seite zu zeigen. Das Holzhaus ist so gut isoliert, dass kaum Energie verloren geht, auch weil die Lüftungsanlage mit einer Wärmerückgewinnung gekoppelt ist. Trockenkomposttoiletten und die Klärung und Rückführung von Grauwasser durch eine Schilfkläranlage senken den Wasserverbrauch. Mit dem dreh-und schwenkbaren Solarsegel auf dem Dach wird schließlich sogar mehr Energie produziert als benötigt. Disch leistet mit seinem Haus einen wichtigen Impuls, der bis heute nachwirkt, vor allem in Freiburg.

Info ► S. 66

Zurück in die Zukunft

Rondo-Haus 🕮 nördl. C 1

Ein solches Gebäude würde man hier wohl am wenigsten erwarten. Mitten im westlichen Quartier Landwasser, wo ein Hochhaus neben dem anderen steht, stößt man am Ende einer Seitenstraße auf ein kleines eiförmiges blaues ›Ufo‹-Häuschen. In den 70er-Jahren des 20. Jh. entwickelten Architekten wie Angelo und Dante Casoni als zukunftverheißende neue Wohnform diese im Spritzgussverfahren aus faserverstärktem Kunstharz errichteten UFO-ähnlichen Häuser mit Wohn- und Schlafzimmer, Bad und sogar einer Kochecke. Der Freiburger Unternehmer einer Jalousiefirma Hans Johann

Am 27.11.1944 bombardierten britische Flugzeuge zwanzig Minuten lang Freiburg. Über 3000 Menschen starben, 80% der Altstadt wurden zerstört. Von den mittelalterlichen Bauten blieben nur 10% erhalten, darunter das Münster. Anders als so viele andere deutsche Städte wurde Freiburg nicht im zeitgemäßen Architekturstil der Nachkriegszeit wiederaufgebaut. Ein Grund: Der Stadtplaner Joseph Schlippe (1885–1970), der bereits in den 1930er-Jahren gegen die seiner Ansicht nach überladenen Formen des Historismus und Jugendstil gewettert hatte. Auf ihn geht ein stadtprägendes Element zurück, das Besucher oft für typisch mittelalterlich halten: die von fast durchgängigen Kolonnadengängen gesäumte Kaiser-Joseph-Straße. Im Mittelalter gab es sie gar nicht! Schlippe blieb bis 1951 Leiter des Hochbauamtes in Freiburg. Auch wenn man seine antimoderne und konservative Haltung nicht teilt, stehen Freiburger wie Besucher diesem scheinbar historischen Wiederaufbau heute positiv gegenüber.

»Welchen Kurs, Captain?« – »Der zweite Stern von rechts.« Die Landung des Rondo-Hauses ist geglückt.

Gockl fand, sie ähnelten so sehr seinem Firmenlogo, dass er eines dieser Häuser vom Ausstellungsgelände in Lüdenscheid per Schiff nach Breisach und mittels Sattelschlepper nach Freiburg verfrachtete.

Böcklerstr. 11 (Besichtigung nur von außen möglich), Tram 1: Moosweiher und 10 Min. Fußweg

Wir bleiben dann mal oben …

Europa-Park-Stadion 🕮 E 1

Nach 360 Bundesligaspielen und 999 Bundesligatoren war es für den SC Freiburg vorbei. Das alte Dreisamstadion wurde aufgegeben. Schon seit Jahren spielten die Breisgauer mit einer Ausnahmegenehmigung der Deutschen Fußball Liga. Denn der Platz im alten Stadion war fünf Meter zu kurz und der Höhenunterschied zwischen den Toren betrug einen Meter. Im Herbst 2021 wurde das von HPP Architekten geplante Europa-Park-Stadion eingeweiht, das die Freiburger einfach Mooswaldstadion nennen. Charakteristisch ist seine weithin sichtbare Zick-Zack-Fassade. Eine 24 000 m² große freitragende Stahlkonstruktion überspannt den kompletten äußeren Zuschauer- und Gebäudebereich. Insgesamt passen 34 700 Zuschauer ins neue Stadion, gut 10 000 mehr als bisher und mit einem ungewöhnlich hohen Stehplatzanteil. Bis zu 8000 Fans kann die steile Südtribüne, das Herz des Stadions, aufnehmen. Nachhaltigkeit und Klimaschutz werden auch hier ganz groß geschrieben: Das rechteckige Dach bekrönt die weltweit größte Solaranlage eines Stadions. Mit dem Strom der 15 000 m² großen Photovoltaikanlage will man den Jahresbedarfs des gesamten Stadions decken. Auch an den Besucherstrom wurde gedacht: Es gibt doppelt so viele Abstellplätze für Fahrräder wie für Autos und die Haltestelle Europa-Park Stadion ist Freiburgs kapazitätsstärkste Haltestelle. Bei Heimspielen des SC können mehr als 10 000 Passagiere pro Stunde abfahren.

Achim-Stocker-Str. 1, www.scfreiburg.com, Stadiontouren auf Anfrage

Spiel der Blicke

Augustinermuseum 🕮 Karte 2, F/G 3

Auch wenn der erst von Christoph Mäckler, dann von den Freiburger Architekten Hebammer und Leiber fortgeführte Umbau noch nicht abgeschlossen ist, begeistert das bisherige Ergebnis. Der schwerfällige Kirchenbau wurde durch die vorgesetzte Fassade aufgelockert. Doch es ist die originelle Gestaltung des Kirchenraumes, die das Besondere dieses Museums ausmacht. Das Kirchenschiff wurde belassen, aber in eine Skulpturenhalle umgewandelt, während in den durchbrochenen Seitenschiffen kleine Räume und Emporen geschaffen oder Nischen in Wände eingelassen wurden, um die Kunstwerke und eine riesige Welte-Orgel durch immer wieder andere Ein- und Ausblicke in Szene zu setzen. Ein Clou: die Original-Wasserspeier des Münsters kann man hier aus der Nähe betrachten. Die vom Foyer ausgehende Treppen und Laufstege schaffen immer wieder neue Perspektiven.

www.freiburg.de/pb/,Lde/237748.html, ► S. 32

Moderne Visionen: Neugierig auf weitere ungewöhnliche Bauten? In der Tourist-Info gibt es einen Cityguide mit Karte zu weiteren Ausrufezeichen moderner Architektur in Freiburg

In die Reben – Stiftungsweingut und Staatsweingut

Mit rund 700 ha Rebfläche besitzt Freiburg als Großstadt den wohl ältesten und größten Weinbesitz in Deutschland. Auf Freiburger Gemarkung liegen drei der acht Weinanbaugebiete Badens: Breisgau, Markgräflerland und Tuniberg. Auf rund 700 Jahre Weinbau-Tradition kann das Stiftungsweingut zurückblicken. Führend in der Erforschung neuer Rebsorten ist das Staatsweingut.

Wein trinken für einen guten Zweck

Stiftungsweingut Freiburg 🕮 D 8

Seit dem Mittelalter ist das Stiftungsweingut Freiburg im Besitz der Heiliggeiststiftung. Mit den eingebrachten Rebflächen sicherten sich Pfründner einst Pflege und Unterkunft, heute fließen die Erträge aus der Bewirtschaftung der Rebflächen vorwiegend in die Altenpflege ein. Anfangs spielte der Wein auch für das Spital eine Rolle. Er wurde den Pfründnern als Getränk oder als Medizin verabreicht – und streng kontrolliert: »Wer vom Spital mit der Verabreichung des Weines beauftragt ist und nicht gehörig verabreicht oder gar die Kranken an ihren Pfründen beeinträchtigt, der soll jeden Tag mit sieben Tagen Wassertrinken bestraft werden und ebenso lange auf dem Boden essen«, denn »vier Maß Wein (= 6 Liter) sollten es sein für die Schwächsten der Kranken, jeden Tag, wenn es zu Vieri lütet«, so heißt es in einer Freiburger Spitalordnung von 1318. Für seine Bewohner brauchte das Heiliggeistspital, das sich bis Mitte des 19. Jh. an der Stelle des heutige Kaufhauses Breuninger befand, rund 36 000 Liter im Jahr. Eine Spitzenlage des Stiftungsweinguts ist der **Freiburger Schlossberg,** wo auf den steilen Hängen der einstigen Vaubanschen Festungsanlage in bester Südlage ausgezeichnete Weintrauben heranwachsen, von denen einige als Großes Gewächs klassifiziert werden. Aus den Trauben werden neben weißen Burgundersorten, Gutedel und Riesling unter anderem auch der dunkle, tiefrote Spätburgunder gekeltert. Weitere Weinberge finden sich in **Herdern** und rund um das aussichtsreiche **Jesuitenschloss,** wo sich seit 1985 auch der Sitz des Stiftungsweinguts befindet.

Vinothek Jesuitenschloss Merzhausen, www.stiftungsweingut-freiburg.de, Do, Fr 14–18, Sa 10–14 Uhr. Hier gibt es auch einen Weinlehrpfad. Die entlang des Wegs angebrachten Tafeln informieren über Weinbau, Geologie, Flora und Fauna sowie über die Geschichte des Weinguts.

Von Piwis und neuen Weinen

Staatsweingut Freiburg 🕮 E 7

Schon mal Cabernet Cortis probiert? In Merzhausen experimentiert das Staatsweingut mit pilzwiderstandsfähigen, neuen Sorten, den sogenannten Piwis, die man deutlich weniger spritzen muss. Ihre Eigenschaften verdanken diese Reben der Kreuzung von europäischen Kulturreben mit Wildreben.

Eine Schaurebenanlage im **Colombipark** (► S. 40) informiert über die alten Reben und neuen Züchtungen. Verkosten kann man Sie direkt beim Weingut in Merzhausen, an der **Alten Wache** am Münsterplatz (► S. 28) oder auf einem der großen Weinfeste im Sommer.

Merzhauserstr. 119, https://staatsweingut-freiburg.de, Weinverkauf Mo–Fr 10–19, Sa 10–16 Uhr. Weinprobe Fr 15 Uhr (außer Fei), ca. 1 Std./15 €; am 12ten im Monat After-Work-Event 17–21 Uhr.

Pause. Einfach mal abschalten

Das Schöne an Freiburg: Schon die Stadt selbst lädt zur Entschleunigung ein. »Numme ned huddle« (Nur keine Hektik) – ein Ratschlag, die Dinge mit Ruhe anzugehen und nicht zu überhasten, ist nicht zufällig eine badische Redensart. Lauschige Plätze und Orte, die an trubeligen Tagen zum Durchatmen einladen, gibt es einige.

Mittendrin

Seepark 🕮 D 2–3

Zu den beliebtesten Grün- und Freizeitanlagen Freiburgs gehört der Seepark mit seinem zehn Hektar großen, künstlich angelegten Flückingersee und dem romantischen Tempelchen aus Sandstein. Die Anlage entstand für die Landesgartenschau 1986, der Japanische Garten mit Wasserfall (9.30–20, Nov.–März bis 17 Uhr) kam anlässlich der Städtepartnerschaft mit Matsuyama hinzu. Einen schönen Rundumblick genießt man vom 15 m hohen Seeparkturm, zu dessen Füßen Weinreben ranken. Der Seepark lädt zu jeder Jahreszeit zum Flanieren ein. Im Sommer tummeln sich hier Sonnenanbeter, Schwimmer, Plantscher und Taucher, manche spielen Minigolf, balancieren auf der Slackline oder chillen und abends wird nicht selten gegrillt. Das Restaurant Lago (ganzj., Mi–So 11.30–23 Uhr, www.lago.de), bei schönem Wetter auch der Biergarten Seepark (tgl. 12–24 Uhr, www.biergartenseepark-Freiburg.de) laden zum Einkehren. Lauschige Ecken findet man an der Pontonbrücke. Hier sind auch zahlreiche Wasserschildkröten zu Hause.

Seepark, www.freiburg.de/pb/,Lde/233132.html, Tramlinie 1 (Betzenhauser Torplatz)

Tierische Aussichten

Mundenhof 🕮 A 2–3

Der weitläufige Natur-Erlebnispark ist mit 38 Hektar das größte Tiergehege in Baden-Württemberg und ein beliebtes Sonntagsziel nicht nur von Kindern.
Die großzügig angelegten Koppeln und Gehege beherbergen vor allem Haus- und Nutztierrassen, wie Damwild und Ziegen, aber auch Lamas, Kaschmirziegen, Kamele und Watussi-Rinder. Zu den Publikumslieblingen gehören zweifellos die flinken Erdmännchen. Von März bis Oktober kann man die Tierpfleger auf ihren Fütterungsrunden begleiten (tgl. 14.30 Uhr, außer Fr; Treffpunkt Steinaffe).

Mundenhof 37, www.mundenhof.de, mit Hofwirtschaft, Biergarten (https://mundenhof-hofwirtschaft.de) und Spielplatz; Tram 1 (Padua-Allee) + 30 Min. Fußweg o. Tram 5 (Bollerstaudenweg) + 20 Min. Fußweg oder Buslinie 19 (Endhaltestelle); Parkplatz 5 €, Sa, So/Fei 10 €

Entspannung pur

Keidel – Freiburgs Therme

🕮 westl. A 6

Mitten im Mooswald fernab von Stadt- und Autolärm laden die verschiedenen Becken ein, alle Viere von sich zu stre-

Ein Besuchermagnet ist im Sommer das seit 1841 existierende **Lorettobad** mit großer Liegewiese. Das ›Lollo‹, wie es liebevoll genannt wird, ist mit seinen umlaufenden Kabinen im Stil der Wende zum 20. Jh. das älteste Familienfreibad Deutschlands und seit 1886 das einzige Schwimmbad der Republik mit separatem Damenbad. Einzig ein männlicher Bademeister darf das Damenbad betreten (🕮 Karte 3, A 3, Lorettostr. 51a, www.badenin freiburg.de, Mitte Mai–Mitte Sept. tgl. 10–19 Uhr, Linie 3 Weddingestr. oder Linie 5 Reiterstr.).

cken und sich einfach treiben zu lassen. Beliebt sind die Außenbecken mit Massagedüsen, Nackenduschen, Strömungskanal und Whirlpools oder die 38 °C heißen Quellbecken. Schwimmer können ihre Bahnen im 25-m-Becken ziehen.

An den Heilquellen 4, www.keideltherme.de, tgl. Therme 9–21, Sauna 10–21 Uhr, Tageskarte 17,80 € / erm. 16, 70 €, Kinder bis 15 J. 11,90 €; Aufpreis Saunabesuch 11 €. Bus 34 ab Munzinger Straße

Aus der Zeit gefallen

Waldsee 🕮 J 6

Das Bootshaus ist etwas in die Jahre gekommen, doch der filigrane Musikpavillon auf der kleinen Insel, der über eine eiserne Brücke zu erreichen ist, ist geblieben. Der kleine, von hohen Bäumen eingefasste Weiher am Waldrand war ein beliebtes Ausflugsziel und das vor 130 Jahren erbaute Waldsee-Restaurant gehört zu den ältesten Freiburger Ausflugslokalen. Der See ist schnell umrundet, Bänke laden zum Verweilen ein und rudern kann man auch. Im Winter hingegen tummeln sich hier die Schlittschuhfahrer, kein Zufall: der Waldsee wurde ursprünglich angelegt, um Eis für die Brauereien zu liefern.

Waldseestr. 84. Restaurant Waldsee, www.waldsee-Freiburg.de, Di–Sa 12–23, So 10–22 Uhr, Brunch bis 14 Uhr, €€. Bootsverleih ab 2024; Tramlinie 1 Musikhochschule, + 10 Min. zu Fuß

Romantisch

Schneeburg-Ruine 🕮 südl. C 8

Kein schlechter Platz für eine Burg – oder für ein Picknick! Vom 516 m hohen westlichen Nebengipfel des Schönbergs bietet sich eine grandiose Aussicht auf die Rheinebene, Freiburg und den Schwarzwald. Besonders schön ist es hier an heißen Sommertagen – und zum Sonnenuntergang. Dann kann man auf den Burgmauern lümmeln oder im Innenhof liegen und in den Himmel gucken. Dafür nimmt man den kurzen, knackigen Anstieg gerne in Kauf. Natürlich kann man den Pfad zur Schneeburg-Ruine auch mit dem Auto erreichen. Viel schöner aber ist eine kleine Wanderung vom Jesuitenschloss aus (ca. 45 Min.). Nur wenige Meter entfernt liegt der Schönbergerhof, wo

Der Seepark lädt zum Sonnenbad.

man unter Bäumen im Biergarten vespern oder leckeren Kuchen kosten kann.

Schneeburg-Ruine (Ebringen); Gasthof Schönbergerhof, Unterer Schönbergerhof 1, Ebringen, T 07 664 72 22, Do–So 11.30–20.30 Uhr, € bis €€

Cooler Pool

Dreisam 🕮 F–I 5

Die im 19. Jh. kanalisierte und von Autostraßen eingezwängte Dreisam spielte lange keine Rolle. Vor einigen Jahren baute man eine **Fischtreppe,** damit Fische von der Dreisam ins Dreisamtal gelangen können. Die in 21 Becken unterteilte Riesenrampe avancierte zum Treffpunkt zum Sonnenbaden und Planschen. Und wo hängt schon wie am **Mariensteg** eine Schaukel, auf der man so lässig abhängen kann? Etwas ruhiger ist es an der **Sandfangbrücke,** wo man an warmen Tagen in kleinen, aus Steinen gebauten Pools in der Sonne sitzen kann. Zu einem Naherholungsgebiet hat sich die renaturierte Dreisam zwischen Sandfang und altem Dreisamstadion etabliert. Die Dreisam ist hier etwas breiter und hat kleine Inseln gebildet, ideal für ein Picknick. Hier hat man auch einige Tausend Junglachse eingesetzt. Die ersten ausgewachsenen Tiere wurden schon gesichtet, was auch die zahlreichen Graureiher entlang der Dreisam freut. Einen Spaziergang oder eine Fahrradtour entlang der Dreisam beginnt man am besten am **Café Extrablatt** (🕮 F 5). Bis zu den **Dreisaminseln** sind es ca. 3,5 km.

Zum Wohlfühlen

Beherbergung hat in Freiburg eine lange Tradition. Seit über 700 Jahren empfängt am Schwabentor Deutschlands ältestes Gasthaus seine Besucher. Seither hat sich die Palette weit aufgefächert.
Sie haben die Wahl zwischen gerade erst erbauten pfiffigen Großhotels oder Aparthotels in einem der neuen Stadtteile, wie dem Güterbahnhofsareal, traditionellen Gasthäusern, die mit der Zeit gegangen sind, charmanten Boutiquehotels, Pensionen mit individuellem Flair, smarten Boardinghouses für Geschäftsreisende, natürlich auch nachhaltigen Green Hotels und einer großen Zahl an Ferienwohnungen, mal mittendrin, mal im Grünen. Oder Sie beziehen ein Zimmer bei Locals, die mit privater Atmosphäre punkten.

Sie müssen dann nur noch entscheiden, wo Sie wohnen möchten. Mitten in der Altstadt zwischen Münster und Schneckenvorstadt oder im Stühlinger, dem Quartier mit der höchsten Kneipendichte, im familienfreundlichen nachhaltig-grünen Vauban oder doch in Betzenhausen am Seepark? Das Schöne an Freiburg: Vieles ist fußläufig zu erreichen oder sehr gut an den ÖPNV angebunden. Alles gut? Ja, Sie sollten nur bedenken: die Messestadt Basel ist nicht weit und wenn in Freiburg große Events wie das Zelt-Musik-Festival stattfinden, dann ist die Traumunterkunft auch schnell mal ausgebucht. Vor ein paar Jahren knackte Freiburg sogar erstmals die Zwei-Millionen-Marke bei den Übernachtungen.

Green Hotel Vauban – grüner geht's nicht.

ZUM SELBST ENTDECKEN

Einen Überblick bietet www.visit.freiburg.de, das Tourismusportal der Stadt, wo Adressen von Sterne-Hotels über Pensionen, Hostels, Ferienwohnungen bis zu Bauernhöfen, Weingütern und Privatzimmern gelistet sind. Sowohl Hostels als auch Gästehäuser sowie z. T. schön gelegene und geschmackvoll eingerichtete Ferienwohnungen in der Fischerau und im Sedanquartier bietet Stay Inn, www.stayinn-Freiburg.de.

PREISE

So viel kostet in etwa ein Doppelzimmer

€	unter 100 €
€€	100 bis 175 €
€€€	über 175 €

Bettensteuer: Die Stadt Freiburg erhebt auf alle Übernachtungen 5% des Übernachtungspreises (ohne Mehrwertsteuer).

NACHHALTIG UND TRADITIONSBEWUSST

Nachhaltigkeits-Pioniere

Victoria Karte 2, D/E 2

Seit rund 150 Jahren erfindet sich das familiengeführte Hotel Victoria immer wieder neu. Schon vor vielen Jahren entschied sich die Familie Späth, das historische 4-Sterne-Haus ausschließlich mit regenerativen Energien zu betreiben. Das ›Nullemissionshotel‹ punktet mit einem eigenen Solar-Dachgarten, 100% erneuerbaren Energien und einem wunderbaren regionalen Frühstück. Die hellen Zimmer verfügen alle über Parkettböden, einige mit Balkon und Blick auf den gegenüberliegenden Colombipark. Und vor dem Haus gibt es natürlich auch eine Ladestation für Elektrofahrzeuge.

Eisenbahnstr. 54, T 0761 20 73 40, www.hotel-victoria.de, Tram 1–5: Hauptbahnhof oder Stadttheater, €€

Am Puls der Stadt

Oberkirch Karte 2, F 2/3

Das Haus direkt neben dem Historischen Kaufhaus und gegenüber dem Münster ist Teil der Geschichte Freiburgs. Jedes der Zimmer dieses verwinkelten Hotels hat eine individuelle Note. Manche Zimmer sind noch mit historischen Möbeln, hölzernen Fensterläden und neben dem modernen Bad auch mit einem filmreifen Waschbecken ausgestattet, andere mit Boxspringbetten, Parkettboden und versenkbaren Fernsehern. Ein Traum sind die Zimmer mit Blick aufs Münster, den man ganz in Ruhe in allen Details bestaunen kann. Ein großer Pluspunkt in Zeiten von chronischem Personalmangel ist der erstklassige und persönliche Service.

Münsterplatz 22, T 0761 202 68 68, www.hotel-oberkirch.de, Tram 1–4: Bertoldsbrunnen, €€€

Ruhiges Ambiente

Alex F 4

In Gehweite zur Altstadt und dem Hauptbahnhof überrascht dieses privat geführte Boutique-Hotel inmitten schlichter Bauten mit zeitgemäßer und geschmackssicherer Ausstattung. Die kompakten Zimmer haben alle Parkettböden, Boxspringbetten und ein Bad mit Regendusche. Den Tag ausklingen lassen kann man in der Winery 29 mit angeschlossener Terrasse oder in der Kaminlounge.

Rheinstr. 29, T 0761 296 97 79, www.the-alex-hotel.de, Tram 5: Fahnenbergplatz, Bus 23: Albertstraße, €€

Grün, nachhaltig, integrativ

Green City Hotel Vauban E 7

In dem umweltfreundlichen Hotel in Freiburgs Modellquartier ist Nachhaltigkeit keine Floskel. Tatsächlich erfüllt das mit Naturholz verkleidete Gebäude höchste energetische Standards. Strom wird über eine Solaranlage auf den Dach erzeugt und die Heizenergie kommt aus dem örtlichen Holzhackschnitzelheizkraftwerk. Die Temperatur in den Zimmern wird durch in die Wände integrierte wasserführende Kapillarrohrmatten reguliert. Auch die Kletterpflanzen, die sich die Seilfassade hochranken, dienen der Kühlung der Räume. Grün ist auch die vorherrschende Farbe im Innern. Erholsam sind die nüchternen, mit hellen Eschenholzmöbeln eingerichteten Zimmer. Mit der Straßenbahn (Haltestelle unterm Haus) sind es 15 Min. ins Zentrum der Altstadt.

Paula-Modersohn-Platz 5, T 0761 888 57 40, https://green-city-hotel-vauban.de, Tram 3: Paula-Modersohn-Platz, €€

Mit Pool

Hirschen in Lehen C 2

Nur unweit vom Seepark in Betzenhausen und ca. 6 km von der Innenstadt liegt der Hirschen. Die großräumigen, hellen Zimmer – manche mit Dekokamin und Balkon mit Blick ins Grüne – strahlen eine mediterrane Atmosphäre aus, in der man sich gleich wohlfühlt. Im Sommer lockt der 16 x 8 m große, solarbeheizte Außenpool im schönen Garten. Berühmt ist der Hirschen im Lehen auch für seine sensationelle Küche im historischen Ambiente des gleichnamigen Gasthauses.

Bereits kurz nach Stadtgründung kamen die ersten Gäste ins Gasthaus Zum Roten Bären.

Breisgauer Str. 47, T 0761 897 76 90, www.hirschen-Freiburg.de, Bus 19: Kirchbergstraße, €€ bis €€€

Mit Jugendstilflair
Minerva Karte 2, D 1
Das 2019 behutsam renovierte Jugendstilhotel liegt perfekt zwischen Bahnhof und Innenstadt. Die Bäder in den Zimmern sind nicht allzu groß, dafür kann man zwischen verschiedenen Zimmergrößen wählen, manche auch mit Balkon. Und das reichhaltige Frühstück lässt einen gut in den Tag starten. Im Zimmerpreis inbegriffen ist ein Ticket für die öffentlichen Verkehrsmittel.
Poststr. 8, T 0761 38 64 90, www.minerva-Freiburg.de, Tram 1–5: Hauptbahnhof oder Stadttheater, €€

Kultur- und Literaturhotel
Parkhotel Post Karte 2, D 2
Sie lesen gerne? Dann sind Sie hier richtig. In jedem der in hellem Gelb strahlenden Zimmern, aber auch in den Fluren und Aufenthaltsräumen Bücher! Jedes Zimmer des Jugendstilhotels Post ist zudem einem Autor gewidmet, dessen Buch Sie im Zimmer finden, während die Flure großformatige Fotografien zu Freiburg, dem Schwarzwald und den Weinregionen schmücken. Für die Erkundung der Stadt stehen Fahrräder bereit.
Eisenbahnstr. 35-37, T 0761 38 54 80, www.park-hotel-post.de, Tram 1–5: Hauptbahnhof oder Stadttheater, €€

Ältester Gasthof Deutschlands
Zum Roten Bären Karte 2, G 3
Die»Bärenwirte« lassen sich bis ins frühe 14. Jh. zurückverfolgen. Seither war das Haus Anlaufstelle für Besucher, die durch das Schwabentor aus dem Schwarzwald nach Freiburg kamen. Heute kann man sein Haupt mit Blick auf Oberlinden oder mit Blick zum grünen Innengarten betten. Fast alle Zimmer wurden 2022 renoviert, manche mit Balkon oder freistehender Badewanne.
Oberlinden 12, T 0761 38 78 70, www.roter-baeren.de, Tram 1: Oberlinden, €€ bis €€€

Schwarzwald schnuppern
Rainhof Karte 4, C 2
Hinter dem schönen alten Gemäuer dieses denkmalgeschützten Landhotels im Dreisamtal ist jedes Zimmer anders: mal poppig frech, mal mit traditionellen Holzmöbeln eingerichtet, immer einem Thema gewidmet. Ein Highlight ist der Wellnessbereich mit Sauna und Dampfbad im Dachgeschoss. Ein weiterer großer Pluspunkt: das hervorragende als Naturparkrestaurant für seine saisonale und regionale Küche zertifizierte Restaurant.
Kirchzarten, Höllentalstraße 96, T 07661 988 61 10, www.rainhof-hotel.de, S 1/S 11: Himmelreich (ca. 20 Min.), danach 5 Min. Fußweg, €€

FÜR SELBSTVERSORGER

Mittendrin
Cosy grey apartments Karte 2, E 2
Im gesamten Haus, nur wenige Schritte vom Platz der Alten Synagoge entfernt, befinden sich verschieden große, geschmackvoll eingerichtete Ferienwohnungen mit großem Bad und voll ausgestatteter kleiner Küche samt Spülmaschine und Kaffemaschine, manche haben auch einen großen Balkon in den ruhigen, unspektakulären Hinterhof. Unter den vorderseitigen Zimmern rattert die Straßenbahn, doch die doppelverglasten Fenster schirmen

gut ab. Der Mindestaufenthalt beträgt drei Nächte.

Bertoldstr. 22, T 0761 458 93 11 20, https://www.cosy-grey.de, Tram 1–4: Stadttheater oder Bertoldsbrunnen, €€

Im Gerberhäuschen

Fewo Insel 2 Karte 2, G 3

Die schnuckelige Wohnung im Erdgeschoss des Hauses Zum Gerber Eck liegt mitten in der malerischen Schneckenvorstadt und verfügt über Wohn-, Schlafzimmer und Küche samt Spülmaschine. Vom Schlafraum öffnet sich ein kleiner Freisitz in den Hinterhof.

Insel 2, T 07664 26 67, www.fewo-layer.de, Tram 1: Oberlinden, € bis €€

Rundum versorgt

Paradies F 3/4

Der Name ist Programm. Die sehr persönlich eingerichteten und geräumigen Zimmer, manche mit Balkon, geben den Eindruck, bei Freunden zu wohnen. Darunter befindet sich die bei Studenten und Medizinern der nahen Kliniken sehr beliebte Gaststätte, wo man auch das üppige Frühstück genießen kann, bei schönem Wetter auch draußen im schattigen Biergarten. Parkplatz ist vorhanden.

Mathildenstr. 26–28, T 0761 27 37 00, www.paradies-Freiburg.de, Tram 2: Friedrich-Ebert-Platz, €€

Unter Freiburgern

Fewo bei den Zollhallen G 2

Auf dem Gelände des neu bebauten ehemaligen Güterbahnhofs liegen diese sehr lichten ebenerdigen Ferienwohnungen mit großem Bad und Küche sowie Terrasse oder Balkon. In der unmittelbaren Umgebung gibt es einen sehr guten Bäcker sowie viele Einkaufs- und Einkehrmöglichkeiten.

Zollhallenstr. 10, T 0152 010 222 55, www.freiburger-ferienwohnung.de, Tram 2/4: Hornusstraße, €

Fast wie daheim

The Cloud Suite Apartments G 2

Das erst vor wenigen Jahren eröffnete Apartmenthaus in neuen Güterbahnhofareal bietet fünf bestens ausgestattete, großzügige Ferienwohnungen mit Wohn- und Essbereich. Die Küchen verfügen über Geschirrspüler, Backofen, Mikrowelle und Kaffeemaschine, die Bäder über eine Waschmaschine, einige haben einen Balkon oder eine Terrasse. Mit Fahrradverleih. Einfach zum Wohlfühlen!

Ingeborg-Krummer-Schroth-Str. 22, T 0761 60 04 66 80, Buchung telefon. oder über Booking.com, Tram 2/4: Hornusstraße, €€

Designverliebt

V 7 Boutique Appartements E 7

Das für sein Design ausgezeichnete Gebäude im Vauban punktet mit originell eingerichteten, geräumigen Apartments mit Hotelkomfort, einige davon mit Balkon. Im Haus ist auch eine Bäckerei, die ein Frühstücksservice anbietet. Ideal für Familien oder Kleingruppen.

Merzhauser Str. 146, T 0761 600 466 50, https://v7-freiburg.de, Tram 3: Paula-Modersohn-Platz, €€

Auch das findet man im Vauban: schickes Design, gepaart mit modernem Komfort.

Von Baden in die Welt

Die badische Küche hat einige wunderbar herzhafte Klassiker. Doch in Baden und besonders in Freiburg hat man auch immer neugierig in die Küchen anderer Länder geschaut – ein idealer Ort für eine kulinarische Entdeckungstour.

Ein typisches Gericht ist das badische Dreierlei, das vor allem im Sommer in vielen Ausflugswirtschaften serviert wird und aus möglichst knusprigen *Brägele* (Bratkartoffeln), Wurstsalat und *Bibiliskäs* (Quark mit frischen Kräutern, meist Schnittlauch) besteht. Der Name *Bibiliskäs* rührt vermutlich daher, dass die Bäuerinnen früher die kleinen *Bibbeli* (Küken) in den ersten Lebenstagen mit Quark aufzogen. Weitere Gerichte sind Badisches Schäufele (gepökelte und gekochte Schweineschulter) mit hausgemachtem Kartoffelsalat, Badisches Ochsenfleisch mit Meerrettichsauce und Preiselbeeren sowie Leberle und Maultaschen. Zu den Gerichten, die den Sommer einläuten, gehört weißer Spargel, den man sich mit *Kratzete* (zerstoßene Pfannkuchen) auf der Zunge zergehen lassen sollte.

Gleichzeitig ist Freiburg ein ideales Terrain und Experimentierfeld für kulinarische Streifzüge.»Der Freiburger als solcher ist zum Genuss verdammt«, schrieb der kulinarische Freiburgkenner Wolfgang Abel. Die Palette reicht von sterneverwöhnten Restaurants über gutbürgerliche Gasthäuser, Lokale mit Spezialitäten aus aller Welt, preisbewusste Studentenlokale, Street-Food-Stände bis zu Eisdielen, Chocolaterien und Kuchentheken. *A guede!*

Schwein gehabt! In den Freiburger Schulen und Kitas gibt es seit Neuestem nur vegetarisches Essen.

MÖGLICHST REGIONAL

Regionalität steht hoch im Kurs. Nicht nur auf dem Münstermarkt, auch in den Küchen. Einige Freiburger Restaurants bieten ein ›Freiburger Menü‹ an, bei dem mindestens 70 % der Zutaten aus der Region stammen müssen. Den Kreationen, die sie zubereiten, sind keine Grenzen gesetzt.

PREISE

so viel kostet in etwa ein Hauptgericht

€	unter 20 €
€€	20 bis 30 €
€€€	über 30 €

SO BEGINNT EIN GUTER TAG IN FREIBURG

Freiburgs erstes Stehcafé

Kolben Kaffee Karte 2, E 3
1983 als erstes Stehcafé eröffnet, brachte das Café Kolben Kaffee italienische Kaffeekultur nach Freiburg, gepaart mit hervorragender Patisserie, zu der man die an einem Zeitungshalter befestigte Badische Zeitung und andere nationale Blätter las. Die Zeitungsleser sind weniger geworden, der gute Kaffee und die verlockenden süßen Teilchen sind geblieben. Inzwischen kann man auch draußen sitzen mit Blick auf das Martinstor.

Kaiser-Joseph-Str. 233, T 0761 387 00 13, www.kolbenkaffee-Freiburg.de, Mo–Sa 7.30–18, So/Fei 10–17 Uhr, Tram 1–4: Bertoldsbrunnen, €

Wie anno dazumal

Tischlein Deck Dich Karte 2, D 3
In diesem Tante-Emma-Laden verkaufte schon die Mutter der Betreiberin Monika Großmann allerlei Lebensmittel, bevor der Laden 1960 geschlossen wurde. Gemeinsam mit ihrer Tochter hat sie den Laden nun wiederbelebt und steht in ihrer selbstgeschneiderten Tracht wie anno dazumal hinter der historischen Theke. Gewogen wird – ganz alte Schule – mit Analogwaage und Prüfgewichten. Große Stärke sind die selbstgemachten Kuchen und Torten, aber auch die französischen Croissants und der feine Kaffee, den man an den Tischchen vor dem Laden verkosten kann.

Belfortstr. 26, T 0761 374 41, Mo–Do 8–18.30, Fr 8–14, Sa 9–13 Uhr, Tram 1–4: Stadttheater, 5: Erbprinzenstraße, €

Ruheort im Trubel 1

Cafe Krokodil Karte 2, G 3
Während am Gewerbekanal eine Gruppe nach der anderen zum Krokodil strömt und den Erklärungen des Gästeführers lauscht, entkommen Sie im schönen und ruhigen Innenhof dem hektischen Treiben. Dazu einen Kaffee, Croissants oder selbstgemachten Kuchen und Sie sind wieder bei sich.

Gerberau 17, https://cafe-krokodil.business.site, Di–Sa 10–17 Uhr, Tram 1: Oberlinden, €

DER MENSCH LEBT NICHT VOM BROT ALLEIN

Wunderbar frühstücken bzw. am Wochenende auch brunchen kann man außer bei **Kolben Kaffee** am Martinstor auch im **Adelhaus** (► S. 92), im **Café Extrablatt** ► S. 50) an der Dreisam, der **Küchenschelle** (► S. 97) in Betzenhausen, dem **Paradies** (► S. 89) im Stühlinger, im **Lollo** in der Wiehre (Karte 3, A2, Schwimmbadstr. 46, T 0761 707 59 93, www.lollo-Freiburg.de, Di–Fr 10–11, Sa 10–14.30 Uhr, € bis €€) und im **Café Einstein** im Stühlinger (► S. 46, Klarastr. 29, T 0761 88 53 08 09, www.cafe-einstein.de, Mo–Fr 10–24, Fr/Sa 10–1, So 10–24 Uhr, €).

Ruheort im Trubel 2

Caffè da Gianni Karte 2, F 4
In einem der lauschigsten Ecken der Stadt können Sie sich mit italienischem *caffè* stärken, dazu gibt es belegte *panini*, köstlichstes, sizilianisches Mandelgebäck und im Sommer Eis.

Marienstr. 13, T 0176 80 61 02 11, https://caffe-da-gianni.de, Mo–Fr 8.30–17.30, Sa 8.30–17 Uhr, Tram 1: Oberlinden, €

Mittendrin

manna spezerei Karte 2, F 3
In der Spezerei bekommen Sie Spezialitäten rund ums Brot. Dazu gibt es feine Aufstriche, aber auch Suppen, Salate und Kuchen. Sehr begehrt ist die Terrasse vor dem Haus, vor allem im Sommer ein Logenort, um den ›Ureinwohnern‹ bei ihrem Treiben auf dem Augustinerplatz zuzuschauen.

Salzstr. 28, T 0761 290 96 64, https://manna-die-spezerei.de, Mo–Sa 9–19, So/Fei 10–18 Uhr, Tram 1: Oberlinden, €

BRAUHÄUSER UND BIERGÄRTEN

Auch wenn Freiburg eine Stadt des Weines ist, hat es natürlich auch Hausbrauereien und Biergärten. Ältester Biergarten Freiburgs ist der **Feierling** (Karte 2, F 3, Gerberau 46, www.feierling.de, Gaststätte tgl. 11–24, Fr/Sa bis 1 Uhr; Insel tgl. 18–23 Uhr). Die Brauerei geht auf das Jahr 1877 zurück. In der neugebauten, gegenüberliegenden Hausbrauerei wird seit 1989 in dem langsamen und schonenden Verfahren des Slow Brewing aus biologisch zertifizierten Rohstoffen Bier gebraut, darunter der beliebte Inselhopf. Im gleichen Jahr wie der Feierling eröffnete das **Martinsbräu** (Karte 2, F 3, Kaiser-Joseph-Str. 237, T 0761 387 00 18, www.martinsbräu-Freiburg.de, So–Do & Fei 11–23, Fr/Sa 11–24 Uhr) am Martinstor, wo man ebenfalls mit Blick auf die Braukessel speisen kann. Ein weiterer beliebter Biergarten ist der **Kastaniengarten** auf dem Schlossberg (► S. 15) und der **Ganter Hausbiergarten** (Leo-Wohleb-Str. 4, T 0761 707 04 44, www.ganter-hausbiergarten.de, Mo–Fr 17–24, Sa 14–24, So/Fei 11–24 Uhr) mit Spielplatz und Grillstelle direkt neben der gleichnamigen Brauerei (► S. 54).

WO ESSEN AUF NACHHALTIGKEIT TRIFFT

Bio-Restaurant
Adelhaus Karte 2, F 3

Vegan, vegetarisch und biologisch ist das Credo des Adelhaus, Flaggschiff der Bio-Restaurants in Freiburg. Es gibt zwei wechselnde Tagesgerichte und ein riesiges Buffet mit über 25 Salaten, Antipasti und warmen Gerichten. Das Essen stellt man sich selbst zusammen. Der Preis richtet sich nach dem Gewicht. Man sitzt an langen Holztischen oder bei schönem Wetter auf dem wunderbar lauschigen und weiten Adelhauserplatz. Eine Wucht ist der Brunch am Sonntag (nur in der kalten Jahreszeit).

Adelhauser Str. 29–31a, T 0761 38 38 81 91, www.adelhaus.bio, Di–Sa 11–22 Uhr, Tram 1: Oberlinden, € bis €€

Rund um die Kartoffel
Kartoffelhaus Karte 3, B 1

Sie können zwischen traditioneller badischer Küche, vegetarischen, veganen oder glutenfreien Speisen wählen. Doch die Hauptrolle spielt nur sie: die kleine Knolle, ob gehobelt, püriert oder im Ganzen, gegrillt, gebraten oder gegart, als Suppe, Gratin oder Rösti. Chefkoch Medani verarbeitet täglich fast 70 Kilo Kartoffeln, die ausschließlich von Hand geschält werden. Das Publikum ist gemischt und weiß es zu schätzen. Reservierung empfohlen.

Basler Str. 10, T 0761 720 01, www.daskartoffelhaus.de, Mo–Fr 17–23, Sa/So/Fei 12–23 Uhr, Tram 2: Johanniskirche, € bis €€

Schwarzwälder Tapas
Blümchen Karte 4, B 2

Das Blümchen liegt etwas außerhalb, in Opfingen, doch darf es keineswegs unerwähnt bleiben. Nicht nur weil es 2023 den Publikumspreis ›Restaurant des Jahres‹ erhalten hat, sondern weil es eine der einfallsreichsten, sympathischsten und besten Tapasbars der Gegend ist. Hier kann man auf kulinarische Entdeckungsreise gehen. Probieren Sie den karamelisierten Ziegenkäse mit Möhrenhummus oder den Flammkuchen mit Munster und Birne, wie wäre es dann mit Mousse von der Räucherforelle oder Frischkäse-Waldpilz-Maultasche? Und zum Schluss die Tannenmousse im Glas? Reservierung empfohlen.

Unterdorf 2 (Opfingen), T 07664 612 38 89, https://bluemchen.restaurant, Mo–Sa 17–23, So 17–22, Sa/So 12–15 Uhr (Küchenzeiten Mo–Do, So bis 21, Fr–Sa 17–21.30, Sa/So 12–14 Uhr), Bus 32/33: Rathaus, €€ bis €€€

Regional first

Hansens Esszimmer E 7

»Hier kommt nix aus der Tüte und schon gar nicht aus der Dose«, ist das Motto dieses feinen Mittagstisches, beliebter Treffpunkt für Bewohner und Besucher des Vauban-Viertels. Jeden Mittag improvisiert Solveig Hansen neue, sehr ansprechende Menüs, je nachdem, was die Jahreszeit und die Bauern aus der Region produzieren. Da kommen auch mal alte Gemüsesorten zum Einsatz wie Zuckerhut, Butterrüben oder Navetten.

Marie-Curie-Str. 1, T 0761 401 44 70, https://hansens-esszimmer.de, Mo–Fr 12–14.30 Uhr, Tram 3: Vauban-Mitte, €

Kiez-Café

Café Auszeit Karte 2, D 3

In der Auszeit hinter der Unibibliothek treffen sich Studenten, der betagte Nachbar, die Angestellten der nahen Betriebe. Man kennt sich, grüßt sich, tauscht sich aus. Es herrscht eine lockere Atmosphäre, auch dank des stets gut gelaunten Teams. Man sitzt an Bistrotischen oder auf den mit Palettenmöbeln zu Sitzecken umfunktionierten Autoparkplätzen. Neben sehr köstlichen Gebäckteilchen und Kuchen, gibt es belegte Brote, fantastische Salate und ein täglich wechselndes vegetarisches Essen (► S. 44).

Moltkestr. 16, T 0761 242 64, http://cafeauszeit.com, Mo–Fr 6–17, Sa 7–16 Uhr (kann in der Ferienzeit variieren), Tram 1–4: Stadttheater, €

Genusswerkstatt

Joris Karte 2, A 3

Etwas versteckt liegt das schnörkellose Joris im Gewerbehof des Stühlingers. Auf der Karte stehen leckere regionale und saisonale Gerichte in Bioqualität, die im Gaumen kleine Feuerwerke entzünden. Zum täglich wechselnden Tagesmenü gibt es immer einer vegane oder vegetarische Alternative.

Ferdinand-Weiß-St. 9–11, T 0761 429 66 53, www.joris.bio, Mo–Mi 10–23, Do–Fr 10–0, Sa 17–0, So 10–15 Uhr (Mo–Fr Frühstück bis 11.45 Uhr, Mittagstisch 12–14.30 Uhr, Abendkarte ab 17 Uhr), Bus 14: Ferdinand-Weiß-Straße, € bis €€

Wunderbare Aussichten versprechen Terrassenlokale wie das Skajo.

INSTITUTIONEN UND SZENETREFFS

Nur Fliegen ist schöner

Skajo Karte 2, F 2

Von der Dachterrasse des Skajo im 5. Stock (Aufzug vorhanden) bietet sich ein unvergleichlicher Blick auf Freiburg, vor allem auf das Münster und den Turm, der zum Greifen nahe scheint. Auf der anderen Seite fällt der Blick auf die Rheinebene und die Vogesen. Am liebsten komme ich hierher zum Sundowner, wenn die Sonne Freiburg in ein Lichtermeer taucht. Das Essen und die guten Drinks geraten da zur Nebensache.

Kaiser-Joseph-Str. 192, T 0761 20 25 12 40, www.skajo.de, Mo–11–22, Fr/Sa 11–24 Uhr. Die Terrasse ist nur bei schönem Wetter geöffnet, Tram 1–4: Bertoldsbrunnen oder 4/5: Europaplatz, € bis €€

Sürpfle muesch, nit suffe

Trotte Weinbar Karte 2, F 3

Ein unprätentiöser Ort, um in schöner Atmosphäre ungezwungen hochkarätige Weine zu kosten. Auf der Karte stehen knapp 400 Weine, davon zwölf im offenen Ausschank. Die beiden Söhne des Gastronomen und Winzers Fritz Keller kennen sich in Weinen aus.

Felix Barho, der im Schwarzen Adler in Oberbergen gelernt hat, verantwortet die hervorragenden *amuse-guêles.* Man sitzt auf Hockern an kleinen Tischen und genießt. Der schönste Platz ist gleich am Eingang mit Blick auf den Gewerbebach. Reservierung empfohlen.

Fischerau 28, T 0761 51 46 46 80, www.trotte-weinbar.de, Di–Sa ab 17 Uhr, Tram 1–4: Bertoldsbrunnen, €€

Erstes Haus am Platz

Oberkirchs Weinstuben

Karte 2, F 2/3

Fragt man Freiburger nach einer guten Adresse für badische Küche, gehört der Oberkirch zu den ersten, die genannt werden. Das traditionsreiche Haus am Münsterplatz punktet nicht nur mit einer 1A-Lage, sondern auch mit gutem Essen – und Weinen. Mit Weinen aus seinem Keller soll der Wirt der Legende nach während des schweren Bombenangriffes auf Freiburg im Jahr 1944 den im historischen Kaufhaus ausbrechenden Brand gelöscht haben. Reservierung empfohlen.

Grünwälderstr. 1, T 0761 383 73 97, www.grosser-meyerhof.de, Mo–Sa 11.30–23, Do–Sa bis 24 Uhr, Tram 1–4: Bertoldsbrunnen, €€

Ein Stück altes Freiburg

Zum Deutschen Haus Karte 2, G 3

Im stets gut besuchten Haus treffen sich die Freiburger am Samstag nach dem Münstermarkt auf ein Glas Wein oder am Abend am Stammtisch (ja, den gibt es hier noch). Auf der Karte stehen Klassiker der badischen Küche. Das Besondere sind aber die über und über mit Bildern, Gemälden und Zeichnungen behängten Wände, die ein Stück Freiburger Geschichte erzählen.

Schusterstr. 40, T 0761 24 500, www.deutscheshaus-Freiburg.de, Di–Sa 11–23 Uhr, Küche 12–14.30, 17.30–21 Uhr, Tram 1–4: Bertoldsbrunnen oder 1: Oberlinden, € bis €€

Itaienische Klasse

Enoteca & Trattoria Karte 2, G 3

Obwohl kein Italiener, kann Patron Manfred Schmitz als ein Pionier der feinen italienischen Küche in Freiburg gelten. Es begann vor rund 40 Jahren zunächst mit einem Weinhandel, dann kam die (nur abends geöffnete) Trattoria hinzu und schließlich ein paar Schritte weiter die Enoteca, wo man an fein eingedeckten Tischen sitzt. Geblieben ist über die Jahre eine beständige Leidenschaft für eine feine italienische Küche mit qualitativ herausragenden Grundprodukten und guten Weinen. Reservierung empfohlen.

Enoteca: Gerberau 21, T 0761 389 91 30, www.enoteca-Freiburg.de, Di–Sa 12–14, 19–24 Uhr, €€ bis €€€; Trattoria: Schwabentorplatz 6, Di–Sa ab 18 Uhr (Küche bis 21.45 Uhr), Tram 1: Oberlinden, € bis €€

Mitternachtssnack

Weber's Weinstube Karte 3, D 1

Für Freiburger Nachteulen eine Institution. Wen nach Mitternacht der Heißhunger überfällt, kann ihn im Weber's stillen. Dort ist die Küche bis 2.30 Uhr in Betrieb. Zum Essen werden im chilligen Ambiente Schnitzel in verschiedenen Variationen und badische Tapas serviert, wie Kässpätzle in Zwiebelschmelze, Freiburger Münsterwurst mit Sauerkraut oder Steinpilz-Teigtaschen.

Hildastr. 35, T 0761 70 07 43, www.webers-weinstube.de, tgl. 18–3 Uhr, Tram 1: Schwabentorbrücke, €

Im Grünen

Bauerntafel St. Barbara K 7

Hoch über Littenweiler genießt man nicht nur eine grandiose Aussicht. Auf der Karte stehen kleine schmackhafte Schwarzwälder Tapas und Weine aus dem elterlichen Weingut im Markgräflerland. Wenn Sie erstmal die Aussicht genießen möchten, können Sie auch einen Apéro in der Gemüse-Lounge oder unter der weinumrankten Pergola trinken. Zum Glück geht es zurück zum 300 m entfernten Parkplatz nur noch bergab.

Sonnenbergstr. 40, T 0761 696 70 20, https://bauerntafel-Freiburg.de, April–Okt. Di–Sa 15–22 Uhr, So/Fei 12–22 Uhr, Tram 1: Lassbergstraße (Endhaltestelle), dann Bus 17 bis Sudetenstraße und 15 Min. ansteigender Fußweg, €€

Jeden Sommer findet auf dem Münsterplatz das Weinfest statt.

Stadtteilkneipe

Babeuf Karte 2, C 1

Das Babeuf, benannt nach einem französischen Sozialrevolutionär, ist eine feste Adresse im Stühlinger. Anfangs als alternative Subkulturkneipe gegründet, avancierte es mit der Zeit zum Wohnzimmer des Viertels, zu dem immer neue Gäste hinzukommen – und gerne bleiben. Die Atmosphäre ist entspannt, das durchmischte Publikum meist Ü 30 und es gibt gut gemachte Gerichte und eine wechselnde Tageskarte zu fairen Preisen. Ab und an finden auch Lesungen, Konzerte und Kabarettaufführungen statt.

Egonstr. 16, Tel 0761 27 36 13, https://babeuf.de, So–Do 18–1, Fr/Sa bis 2 Uhr (Küche bis 22 Uhr), Tram 1-4: Hauptbahnhof oder Eschholzstraße, €

Feinste Kuchentheke

Gmeiner seit 1898 Karte 2, E 3

Nur schwerlich kann man den verführerischen Törtchen widerstehen. Schon der Blick in die Theke macht süchtig. Das Angebot reicht von klassischen Kuchen und Torten über *petit fours* und *macarons* bis hin zu Schokoladenversuchungen. Es gibt es auch einen Café-Bereich mit einigen wenigen Sitzplätzen draußen.

Kaiser-Joseph-Str. 243, T 0761 42 99 17 30, www.chocolatier.de/locations/freiburg, Mo–Fr 9.30–18.30, Sa 9–18.30 Uhr, Tram 1–4: Bertoldsbrunnen, €

EXPERIMENTIERFREUDIG UND UNGEWÖHNLICH

Vorfreude ist die schönste …

Strombolicchio Karte 3, B 2

Wer im Strombolicchio essen will, muss Geduld aufbringen. Denn der Teig muss mindestens 72 Stunden gehen, bevor er in den Holzofen geschoben wird. Darauf legt Pizzaiolo Manuel Mazzocca Wert. Das schmeckt man auch. Wer in den Genuss dieser hervorragenden Pizza kommen will, sollte frühzeitig reservieren.

Kirchstr. 35, T 0761 12 07 57 49, https://strombolicchio.de, Mo und Fr 12–14.30 und 17–20, Sa/So 17–20 Uhr, Tram 2: Lorettostraße, € bis €€

Hummusseligkeit

Edo's Hummus Küche Karte 2, F 3

Wenn meine Studienfreundin Claudia nach Freiburg kommt, geht kein Weg an Edo's Hummus Küche vorbei. Um das erste Freiburg Hummus-Restaurant bildete sich gleich nach seiner Eröffnung eine schnell wachsende Stammkundschaft. Kein Wunder: alles ist frisch und hausgemacht. Täglich kocht Edo Medicks fünfzig Kilogramm Kichererbsen sechs Stunden lang auf kleiner Flamme, bevor er sie püriert und mit Tahin und Zitronensaft würzt wird. Dazu gibt es verschiedene Toppings mit Pilzen, Artischocken oder auch Fleisch

TAPASKULTUR

Spanische Lokale haben in Freiburg Tradition und die spanische Tapaskultur hat mit Schwarzwälder Tapas Eingang in die deutsche Küche gefunden. Zu den ältesten Tapaslokalen gehört in der Altstadt die **Casa Española** (Karte 2, F 3, Adelhauser Str. 9, T 0761 202 30 40, https://casaespanola.de, Di–Fr ab 17 Uhr, warme Küche bis 22, Fr bis 22.30, Sa 11.30–22.30 Uhr, € bis €€) mit einer großen Außenterrasse. Auch das innen oft laute **La Pepa** (Karte 2, D 3, Moltkestr. 27, https://lapepa.de, Mo–Sa 17.30– 24 Uhr, €€) hat Außenbestuhlung. Immer gut besucht ist in der Wiehre das **Denia,** das mit stimmungsvollem Ambiente, hervorragenden, immer wieder neu interpretierten Tapas und guten Weinen punktet (Karte 3, B 2, Kirchstr. 70, T 0761 88 14 80 60, www.bardenia.com, Fr–Mi 17–23 Uhr, €€). Bei allen gilt: reservieren!

und Beilagensalate. Sehr zu empfehlen sind auch die Falafel, frittierte Bällchen aus Kichererbsen.

Grünwälderstr. 10–14 (in der Dietlerpassage), T 0761 51 95 86 05, Mo 11.30–15, Di–Sa 11.30–16 Uhr, Tram 1–4: Bertoldsbrunnen, €

Im Zeitloch
Tibet Kailash Gartencafé
Karte 2, F 4

Man kommt sich ein wenig wie im Märchen oder in einer Filmszene vor. Sobald man durch den hinteren Torbogen des Hauses geht, tritt man in einen üppig wuchernden Garten mit übereinanderliegenden Terrassen und lauschigen Plätzchen. Rosen und Obstbäume säumen die weite Rasenfläche. Am Kiosk gibt es allerlei Tees und hausgemachten Kuchen, den man an einem der weit aufgestellten Tischchen genießen kann, während die Zeit sich einen anderen Takt sucht.

Wallstr. 9, www.tibet-kailash-haus.de, Mo–Sa 12–18 Uhr, Tram 2/3: Holzmarkt, €

Von der Hand in den Mund
Trattoria im Primo Market
Karte 2, G 1

Im Primo Market kann man nicht nur einkaufen, sondern auch zu Mittag und zu Abend essen. Das Ambiente ist schlicht: Man sitzt mitten im Supermarkt an Holztischen unter nackten Neonröhren mit Blick auf die Frischetheke, auf die offene Küche oder alternativ die Supermarktregale. Die vielen Gäste hält das nicht ab, denn ob Antipasti, hausgemachte Pasta oder knusprige Pizza – auf den Teller kommt gute italienische Küche.

Bernhardstr. 6, T 0761 292 24 41, Mo–Sa 11.30–14.30 und 18–21.30 Uhr, Tram 4/5: Europaplatz, €€

Fernöstlicher Genuss
Siam Square Thai Streetfood
Karte 2, D 2/3

Es hat sich rumgesprochen und inzwischen eine regelrechte Stammkundschaft gebildet. Seit einigen Jahren kochen im Siam Square Mutter und Tochter einen thailändischen Mittagstisch. Auf der Karte stehen verschiedene Curry-Varianten, die mit Reis serviert werden, vegan oder mit Fleisch. Und es gibt selbstgemachte Frühlingsrollen. Manche Gäste kommen mehrmals die Woche. Einziger Wermutstropfen: Das Siam Square befindet sich im Eingangsbereich des nicht gerade heimeligen Discounters Norma. Doch wer will, kann das Essen auch mitnehmen.

Sedanstr. 12, T 0175 645 71 11, Mo–Sa 11.30–19 Uhr, Tram 1–5: Stadttheater, €

Für kalorienbewusste Leckermäuler
Erbsenzählerei
Karte 2, F 3

Beim Kalorienzählen schwingt immer ein wenig Verzicht mit. Nicht so bei Erbsenzählerei, dessen Gerichte nicht nur lecker schmecken, sie sind auch sättigend. Jeden Tag kann man zwischen zwei Gerichten wählen – und je nach Wunsch personalisieren: vegan oder fleischhaltig, *balanced, high protein* oder *low carb.* Auch zum Mitnehmen.

Fischerau 30, https://erbsenzaehlerei.de, Mo–Sa 11.30–15 Uhr, ram 1–4: Bertoldsbrunnen,€

Kleinod im Grünen

Küchenschelle D 4

Inmitten von Schrebergärten und nicht weit von den Hochhäusern Betzenhausens sitzt man im Landhausambiente eines Einfamilienhauses oder draußen im Garten und staunt über diesen herrlich verspielten Ort. Auf der kleinen, feinen Karte stehen Linsenburger, Zander oder Rinderfilet. Sehr zu empfehlen ist das verlockende Kuchen- und Tortenangebot. Viele kommen auch zum Frühstück.

Bissierstr. 2a, T 0761 89 78 29 61, www.kuechenschelle-Freiburg.de, Mi–Fr 15–22.30 (Küche 17–20.30 Uhr), Sa 10–22.30 (Küche 10–15 Uhr/Frühstück oder Vesperkarte und 17–20.30, So 10–18 Uhr (Küche 10–15 Uhr/Frühstück oder Vesperkarte), Tram 1–4: Bertoldsbrunnen, €

Kulinarisch um die Welt

Markthalle Karte 2, F 3

In der sogenannten Markthalle, von den Freiburgern das Freßgässle genannt, können Sie an über 15 Ständen kulinarisch um die Welt reisen: Von badisch über persisch, indisch, afghanisch, indochinesisch und brasilianisch. Darüber hinaus gibt es auch einen Fischstand und eine Champagnerbar. Besten *caffè* und Desserts bekommt man bei der Sorbetteria Zuccolotto. Freitag und Samstag spielen verschiedene Bands bis Mitternacht auf.

Grünwälderstr. 4, T 0761 211 71 80, www.markthalle-Freiburg.de, Mo–Do 8–20, Fr–Sa 8–24 Uhr, Tram 1–4: Bertoldsbrunnen, €

Filmreif

JC Cafe Karte 2, B 2

Nierentische, 60er-Jahre-Sessel, Röhrenradios und gute Musik – das JC ist Freiburg lässigstes Café. In Wohnzimmeratmosphäre genießt man gutem Kaffee und leckeren Käse-, Rhabarber- und andere Kuchen. Im hinteren Raum, wo eine wandfüllende stilechte Fototapete mit Palmen und Meer prangt, können Sie sich nach Termin auch mal den Bart stutzen oder die Haare schneiden lassen.

Klarastr. 70, Mo–Fr 10–18, Sa 10–16, So 13–17 Uhr, Tram 1–4: Bertoldsbrunnen, €

Lichter der Großstadt

Hermann Karte 2, C 2

Urbanes Flair strahlt das vorwiegend von Studenten frequentierte Hermann an den Bahngleisen im zylindrischen Bau der Radstation aus. Vom Balkon schaut man auf die Blaue Brücke und auf die Gleise des nahen Bahnhofs, einen grandiosen Rundumblick genießt man von der Rooftop Bar. Es gibt einen wechselnden Mittagstisch und ein breites kulinarisches Angebot mit vielen veganen und vegetarischen Gerichten.

Wentzingerstr. 15, https://hermannfreiburg.de, Mo–Do 9–0, Fr/Sa 9–1, So 10–22 Uhr, Tram 1–4: Hauptbahnhof, € bis €€

Das Hermann ist ein besonderer Ort, von hier sieht man Freiburgs Skyline am Bahnhof, den dicht bewaldeten Rosskopf mit Windrädern, den filigranen Betonbau des Konzerthauses und die zur Sitzbank umfunktionierte Blaue Brücke. Zum Sattsehen!

Überschaubar, aber innovativ

Freiburg gilt nicht gerade als Fashion-Hochburg. Funktionskleidung gepaart mit Sneakers und Rucksack, dazwischen ein paar beruflich bedingte Anzugträger prägen das modische Stadtbild. Freiburg liebt es leger und praktisch. Da wird kein großer Unterschied gemacht, ob man zum Essen, zum Wandern oder ins Theater geht. Die wenigen Fashionistas sind eher Paradiesvögel. Nicht zufällig hat Freiburg eine hohe Dichte an Flohmärkten und gut sortierten Secondhand-Läden. Für Vintage-Liebhaber ein Paradies.

Dabei hat Freiburg durchaus spannende und pfiffige Mode- und vor allem auch Schuhgeschäfte, wie etwa rund um die Augustinergasse. Auch war Freiburg bereits zweimal Schauplatz der Fashion Days, bei der Slow Fashion Kollektionen aus Ateliers in Deutschland sowie internationale Modeschöpfer präsentiert wurden – in Verbindung mit einem Food-Festival. Denn in Freiburg dürfen Gaumenfreuden nicht zu kurz kommen. Das sieht man auch an den ausgesuchten Feinkost- und Lebensmittelläden, den vielen Wochenmärkten - und nicht zu vergessen den Münstermarkt. Hinzu kommen ganz besondere regionale Läden und Produkte wie der Handspielpuppenlanden in der Fischerau oder die Cigarren aus Herr Lehmanns Manufaktur. Ein großes Plus die Einkaufszonen sind überschaubar und können fußläufig durchbummelt werden.

ZUM SELBST ENTDECKEN

Die Geschäfte konzentrieren sich weitgehend auf die historische Altstadt. In der Kaiser-Josef-Straße überwiegen Kaufhäuser und Einkaufszentren, Ketten bekannter Modemarken und Handyläden sowie einige wenige Einzelbetriebe, wie etwa Schafferer, das Fachgeschäft für Küchenutensilien, Ein ganz anderes Bild zeigt sich hinter dem Münster, in der Salzstraße, Schusterstraße und Konviktstraße sowie in der Gerberau und Fischerau. Hier haben sich viele, kleine Boutiquen und Geschäfte mit einem vielfältigen und ausgefallenen Sortiment angesiedelt. In den angrenzenden Stadtteilen wie Sedanquartier, Stühlinger und Wiehre nimmt die Dichte der Geschäfte ab, doch nicht die Attraktivität der Läden.

Bier-Tasting in der Craftbeer Lodge

DELIKATESSEN UND LEBENSMITTEL

Schokoladen-Verführungen

Confiserie Rafael Mutter Karte 2, F 3

»Wer keine Schokolade mag, der lügt auch sonst«, ist das nicht ganz ernste Motto dieser herausragenden, mehrfach ausgezeichneten Schokoladen-Manufaktur. Das Sortiment reicht von handgefertigten Tafeln, über Törtchen bis zu Pralinen. Ideal für eine heiße Schokolade mit Ausguck auf die Flaniermeile Gerberau.

Gerberau 5a, T 0761 292 71 41, www.confiserie-rafael-mutter.de, Mo–Sa 10–18 Uhr, Tram 1–4: Bertoldsbrunnen

Gaumenfreuden

Hakuna Matata Karte 3, B 2

Achtung Suchtfaktor! Die beiden gelernten Köche Michael Hofer und Philip Klingel produzieren täglich saisonale Feinkost im Glas. Das Sortiment reicht von süßen und herzhaften Aufstrichen, Tapenaden, Chutneys, Saucen, Senf bis hin zu Sirupen. Qualität und Nachhaltigkeit ist ihnen wichtig: Konservierungsstoffe und Geschmacksverstärker sind tabu. Die Produkte werden alle händisch verarbeitet und abgefüllt – das Geschmackserlebnis ist grandios. Erwerben kann man die Produkte an der Produktionsstätte.

Günterstalstr. 35, T 0761 59 51 52 82, www.hakuma.net, Mo–Do 8.30–16, Fr 8.30–13.30, Sa 7.30–14.30 Uhr, Tram 2/3: Johanniskirche oder 2: Lorettostraße

Im Bierhimmel

Craftbeer Lodge Karte 2, G 3

Biersommelière und Hobbybrauerin Andrea Seeger gibt ihren Gästen bestens Auskunft über die lokale Bierwelt und darüber hinaus. Der Laden bietet eine große Auswahl internationaler und lokaler Craftbiere an. Ab acht Personen werden auch Bier-Tastings angeboten oder man loggt sich individuell zum Cyber-Tasting ein.

Oberlinden 10, T 0170 227 64 75, www.beer-lodge.com, Mo–Sa 11–19 Uhr, Tram 1: Oberlinden

Tannenliebe

Sonnengereift Karte 3, A 2

Der kleine Laden mit süßem Café und kleiner Terrasse an der Lorettostraße hat sich guten und nachhaltigen Lebensmitteln verschrieben: zur Auwahl stehen viele regionale Produkte, etwa Nüsse von Fairfood, Aufstriche von Hakuna Matata, Direktsäfte von Jung, Weissbart Gin und auch eine Auswahl an italienischen Lebensmitteln, wie beste sizilianischn Olivenöle und Essig aus Modena. Clou des Ladens ist die selbst produzierte Tannenliebe, ein alkoholfreies Getränk aus handgepflückten Tannenspitzen und Tannenhonig, zu dem seit Kurzem ein Tannenliebe-Gelee hinzugekommen ist.

Lorettostr. 48, T 0761 61 25 68 96, www.sonnengereift.com, Di–Sa 10–18.30 Uhr, Tram 2: Lorettostraße oder 3: Reiterstraße

Wecken Sie den Küchenchef in sich!

Küchengeschichten Karte 2, G 3

Hier dreht sich alles um die Küche und ums Kochen. Faktotum Ben Kindler, Inhaber, Gründer und eigener Chefkoch seiner Kochschule, vertreibt hier Geschirr, Messer und Deko-Artikel, aber auch Zutaten wie Gewürze, Pasta, Reis, Öle und Essig sowie eigene Gewürzmischungen, Chutneys und Öle. Absoluter Bestseller ist der Weißweinessig. Ein Erlebnis sind seine Kochkurse. Mit ansteckender Begeisterung entführt er in die Vielfalt der kulinarischen Welt, von badischer Küche über Tapas zu thailändischem Streetfood (Kurse ca. 150 €).

Schusterstr. 50, T 0761 29 09 66 65, https://benkindler.de, Di, Do, Fr 10–18, Mi 10–16, Sa 10–17 Uhr, Tram 1–4: Bertoldsbrunnen oder 1: Oberlinden

Cocktails für zu Hause

Chin Chin Karte 2, G 3

Die Drinks der besten Cocktailbar Freiburgs, der One Trick Pony Bar (▶ S. 105), kann man nicht nur vor Ort genießen. Einige ihrer Kreationen wie Maximus Citronicus, Karottizen Kane oder Smokey and the Bandit haben die Betreiber auch in Flaschen abgefüllt – zum Mitnehmen.

MODE UND SECONDHAND FLOHMÄRKTE

Vom Frühjahr bis weit in den Herbst findet in Freiburg zahlreiche Flohmärkte statt. Die Termine werden online veröffentlicht, oft mit Alternativterminen bei Schlechtwetter. Beliebt ist der **Wiehre Flohmark**t (Urachstr. 40, T 0761 73 671), der an sieben Terminen im Jahr von 12.30 bis 19 Uhr stattfindet. Ebenfalls an sieben Terminen findet der **Güterbahnhof-Flohmarkt** (Waldkircher Str. 12) 10–15 Uhr statt. (Infos zu beiden Flohmärkten unter https://wiehre.uber.space). Um Kinder- und Spielsachen, Kleidung, Haushaltwaren, Bücher und Schmuck werden auch auf dem autofreien **Großen Familienflohmarkt** auf dem Stühlinger Kirchplatz gefeilscht, der zweimal im Jahr stattfindet (Sa 9–16 Uhr, Termine, https://familienzentrum-klara.de). Der größte Flohmarkt Freiburgs lockt jährlich über 18 000 Besucher in die **Habsburgerstraße** (https://habsburgerstrasse.de). Marken- und Designerstücke, Brillen, Accessoires, Selbstgemachtes und ausgesuchte Vintage-Stücke werden auf dem **Mädelsflohmarkt** (Messe Freiburg, Messplatz 1, https:// fetzer-veranstaltungen.de/maedelsflohmarkt-Freiburg-messe.php, 11–16 Uhr) oder dem **Second-Hand Frolleinmarkt** an wechselnden Locations in der Innenstadt gehandelt. Keine Klamotten dafür coole Vintage- und Designmöbel gibt es ganzjährig im Kunzenhof 20 (Engesserstr. 3, Mo–Fr 11–18.30, Sa 11–16 Uhr, www.kunzenhof20.de).

Oberlinden 8, T 0761 61 25 03 51, www.chinchinshop.de, Mi–Sa 12–18 Uhr, Tram 1: Oberlinden

Poesie in Flaschen

Drexler Karte 2, F2 und E 1

In der Weinhandlung Drexler werden Sie bestens beraten. Nach dem Krieg wurde das seit 1899 bestehende Geschäft in der Merianstraße wiederaufgebaut. Das Angebot reicht von Wein-Raritäten, über Klassiker bis hin zu alltagstauglichen Weinen. Im gleichnamigen feinen Restaurant ein paar Straßen weiter kann man bei einem mehrgängigen Menü eine breite Palette ausgesuchter Weiß- und Rotweine verkosten.

Weinhandlung: Merianstr. 4, T 0761 339 23, https://weinhandlung-drexler.de, Mo–Fr 10–18, Sa 9–16 Uhr; Restaurant: Rosastr. 9, https://drexlers-restaurant.de, Mo, Do–Sa 18 Uhr, beide Tram 5: Fahnenbergplatz

Speise der Götter

Honiggalerie Heldt

Karte 2, G 3 und F 3

Man kann unter 60 Honigsorten wählen, darunter natürlich auch einige aus dem Schwarzwald. Daneben gibt es selbst gegossene Bienenwachskerzen, Honigseife und kosmetische Produkte. Unwiderstehlich sind die Honigschokolade und die Goufrais, das kühle Kakaokonfekt.

Honiggalerie: Münsterplatz 28, T 0761 61 24 79 36, www.honiggalerie.de, Mo–Sa 9.30–17 Uhr; Feinkost Galerie: Fischerau 8, T 0761 20 24 447, Fr/Sa 10.30–16.30 Uhr, beide Tram 1–4: Bertoldsbrunnen

Hofladen mit Erlebnisfaktor

Baldenweger Hof Karte 4, C 2

Selbstgebackenes Brot, Kuchen, Fleisch- und Wurstwaren, Wienerle, Obst und Gemüse, all das erhält man im idyllisch gelegenen Hofladen vor den Toren Freiburgs Richtung Schwarzwald, ideal für ein Picknick vor Ort. Und wenn Sie außerhalb der Öffnungszeiten kommen, gibt es auch einen SB-Automaten. Doch nicht nur deswegen kommen die Besucher. Bei einem Hofrundgang kann man Schweine bürsten, Kälber streicheln und Hühner beobachten. Besonders Familien mit Kindern werden den schönen Spielplatz mit Schaukel und Trampolin schätzen. Der Hof ist auch gut mit dem Fahrrad zu erreichen.

Stegen, Wittentalstr. 1, T 07661 90 35 71, www.baldenwegerhof.de, Bus 7216 oder 221 bis Wittental Falken, Mo–Fr 9–18.30, Sa 8–13 Uhr. Der Hof ist für Besucher geöffnet tgl. 9–18.30 Uhr.

STRASSENMÄRKTE

Vinylscheiben & CDs
Freiburger Plattenbörse
Karte 3, C 1 und E 1
Zweimal jährlich treffen sich DJ's und Sammler zur Freiburger Plattenbörse, um ihre Vinyl- und CD-Schätze auszutauschen. Von Pop und Rock über Punk und Metal bis hin zu Jazz und Elektro wird alles geboten. Nicht besonders gut vertreten ist die Sparte Schlager und Klassik. Es kann auch probegehört werden. In der Regel trifft man sich indoor im Haus der Jugend oder open air im Ganter Hausbiergarten (► S. 92, Tram 1: Brauerei Ganter).

Info unter: www.plattenboerse-Freiburg.de

Kunsthandwerk
Kunsthandwerkermarkt in der oberen Altstadt
Karte 2, F/G 3
Eine Institution ist der alljährliche Kunsthandwerkermarkt in der oberen Altstadt, bei dem rund 100 Künstler und Kunsthandwerker ihre höchst originellen und kreativen Ideen und Produkte präsentieren. Die Palette reicht von Malerei und Fotografie über Schmuck, Keramik und Holzkunst bis hin zu Bildhauerarbeiten.

Obere Altstadt bis Augustinerplatz, https://kunsthandwerkermarkt-Freiburg.de, Ende Aug./Anfang Sept. 10–18 Uhr, Tram 1: Oberlinden

Lichterglanz
Weihnachtsmarkt Karte 2, E/F 2
Ein großer Besuchermagnet ist der seit 1973 jährlich stattfindende Weihnachtsmarkt mit rund 120 Ständen, der vom Rathausplatz und der angrenzenden Franziskanergasse bis zum Colombipark reicht. Neben verschiedenstem Kunsthandwerk und kulinarischen Ständen kann man sich in der Kerzenwerkstatt in der Kunst des Kerzenziehens üben, Kinder lockt es in die Kinderbackstube auf dem Kartoffelmarkt zum Plätzchen backen.

Ende Nov. bis 23. Dez., https://weihnachtsmarkt.freiburg.de

Auch Tiere haben eine Seele. Ja, und sie können auch sprechen. Das glauben Sie nicht? Die Barleben-Handspielpuppen beweisen es – wenn man sie zum Leben erweckt.

GESCHENKE, DESIGN, KURIOSES

Tierisch gut
Barleben-Handspielpuppen
Karte 2, F 3
Kaum einer kann sich dem Charme dieser lebensechten Klappmaulfiguren entziehen: ob dem treublickenden Hund, der frechen Kanalratte oder dem großen Schaf. Kaum hat man sie über den Arm gezogen, entwickeln sie ein Eigenleben. Und ja, versichert Herr Barleben, die Hunde sind alle »geimpft, entwurmt und stubenrein«.

Fischerau 24, T 0761 29 08 8977, www.barleben-handspielpuppen.de, Mo–Sa 10–12.30, 13.30–18 Uhr, Tram 1–4: Bertoldsbrunnen oder 1: Oberlinden

»SC Freiburg immer wieder vor …«
SC Freiburg Fanshop Karte 2, E 2
SC-Fans und Sympathisanten decken sich hier mit Gadgets ein – und staunen jedes Jahr wieder über das ausgefallene Design der Trikots.

Rathausgasse 15, T 0761 38 55 16 10, https://shop.scfreiburg.com, Mo–Fr 9–19, Sa 10–14 Uhr, Tram 1–5: Stadttheater

Wieder Kind sein wollen

Holzpferd Karte 2, F 3

»Achtung: Jedes unbeaufsichtigte Kind erhält von uns 1 doppelten Espresso & 1 Hundewelpen geschenkt«, warnt eine Tafel vor dem Spielzeugladen, bei dem auch Erwachsene ins Schwärmen geraten. Neben klassischem und ausgefallenem Kinderspielzeug findet man hier Brettspiele, Artistikzubehör und Wundertüten.

Gerberau 24, T 0761 333 43, www.spielzeugladen-holzpferd.de, Mo–Fr 9–18.30, Sa 10–18 Uhr, Tram 1–4: Bertoldsbrunnen oder 1: Oberlinden

Ein Stück Münster

Münsterladen Karte 2, G 2

Im einzig erhaltenen Sichtfachwerkhaus des späten Mittelalters, einst Sitz der alten Münsterbauhütte, findet man allerlei Souvernirs rund um Freiburgs Wahrzeichen: Münstersteine, Tassen, Sonderbriefmarken, Quartette zur Baukunst, Wein vom Stiftungsweingut und natürlich zahlreiche Bücher, Karten und Kalender. Der Verkaufserlös kommt dem Freiburger Münster zugute.

Herrenstr. 30, T 0761 285 37 11, www.muensterladen-Freiburg.de, Di, Do, Fr 10–18, Mo, Mi, Sa 10–14 Uhr, Tram 1: Oberlinden

Stoff und Schnaps

Freiburgs Finest Karte 2, G 3

In der Kollektion des 2013 gegründeten Freiburg Streetwear-Labels finden sich T-Shirts, Hoodies und Schirmmützen mit Freiburg-Motiven. Im Untergeschoss werden im Retro-Ambiente rund dreißig regionale Gin-Sorten präsentiert, darunter Monkey 47 und Boar Gin.

Schusterstr. 25, T 0761 42 96 55 65, https://freiburgs-finest.de, Mo–Sa 10–18 Uhr, Tram 1–4: Bertoldsbrunnen oder 1: Oberlinden

Unikate & Nachbildungen

Replicata & historische Türen und Baustoffe B 1

Die beiden Läden von Verena Kohlbrenner und Florian Langenbeck sind weit über die Grenzen Freiburgs bekannt. Ihre Spezialität sind die Nachbildungen historischer Beschläge, Wand -und Bodenfliesen, Elektroschalter und Leuchten, aber auch grandiose Einzelstücke und Unikate.

Ziegelhofstr. 214, T 07 61 13 58 01, www.replicata.de, Mo–Do 14–18, Sa 10–14 Uhr und www.historische-tueren.de, Do/Fr 9–12.30 und 13.30–17, Sa 10–14 Uhr, Bus 19: Lehen Gewerbegebiet Mitte

MODE UND ACCESSOIRES

Kaufrauschgefahr

Lust auf Gut Karte 2, F 3

Freiburgs erster Concept-Store überrascht immer wieder mit ausgefallenen Produkten von jungen Fashion-Labels, Einrichtungsgegenständen, Accessoires, Kulinarik oder Genussartikeln, wie die aus der Region kommenden Zigarren aus Herrn Lehmanns Manufaktur in Lahr.

Gerberau 9a, T 0761 70 88 99 00, https://lustaufgut-conceptstore.de, Mo–Sa 10–18.30 Uhr, Tram 1–4: Bertoldsbrunnen oder 1: Oberlinden

Bio-Kleidung und Schuhe

Zündstoff Karte 2, C/D 3

Der Shooting-Star unter den Modegeschäften legte schon früh seinen Fokus auf ökologisch und fair produzierte Kleidung. Neu hinzugekommen ist wenige Schritte weiter ein Schuhgeschäft mit modischen Sneakers, Stiefeln und Flip-Flops.

Moltkestr. 31 und Belfortstr. 27, T 0761 21 43 05 84, www.zuendstoff-clothing.de, Mo–Fr 10–19, Sa 10–18 Uhr, Tram 1–5: Stadttheater

Für Fußfetischisten

Reflex Shoes Karte 2, F 3

In der oberen Schusterstraße und angrenzenden Augustinergasse gibt es viele Schuhgeschäfte. Ins Auge fallen die handgefertigten und farbenfreudigen Schuhe von Reflex Shoes, die vorwiegend aus Italien, Portugal und Spanien stammen.

Schusterstr. 30–32, T 0761 302 58, www.reflex-shoes.de, Mo–Fr 10–19, Sa 10–18 Uhr, (Outlet, Adelhauserstr. 14, Fr 13–17, Sa 12–18 Uhr), beide: Tram 1: Oberlinden

Second Hand

Boutique LeSac Karte 2, C 2/3

Wie ein riesiger, gut sortierter Flohmarkt breitet sich die Boutique der ehrenamtlich tätigen Organisation Obdach für Frauen in den Gängen des Untergeschosses aus. Kleider, darunter auch Abendkleider, Schuhe, wunderbar pfiffige Accessoires, aber auch Geschirr werden hier feilgeboten. Preise gibt es nicht, man spendet. Mit den Erlösen wird Frauen in Not geholfen.

Sedanstr. 22 (Hinterhaus, im UG), T 0761 217 86 83, www.off-Freiburg.de/index.php/boutique-lesac, Di 15–19, Do 10–14 Uhr, Tram 1-5: Stadttheater

Designertrachten

Schwarzwald Couture Karte 3, D 2

Tradition trifft Fashion. Die Modedesignerin Kim Schimpfle hat die Dirndl- und Trachtenmode neu interpretiert. Sie hat das klassische Dirndl um Schwarzwälder Motive bereichert: mal leuchten knallige Kuckucksuhren auf schwarzen Samt, mal Postkartenmotive auf den Röcken. Eines ihrer Modelle hängt im Landesmuseum von Baden-Württemberg in Karlsruhe.

Hildastr. 62, https://schwarzwaldcouture.de, Di–Fr 11–13, 14–18.30, Sa 11–14 Uhr, Tram 1: Schwabentorbrücke oder 2: Lorettostraße

Das gewisse Extra

etcetera Karte 2, F 3

Accessoires verfehlen ihr Ziel, wenn sie unauffällig bleiben. Nicht bei etcetera. In diesem Geschäft finden Sie Ausgefallenes, Skurriles und Rares aus den verschiedensten Materialien, darunter Vintage-Schmuck aus Bakelit oder Strass. Neben Avantgarde- und Designer-Stücken gibt es originelle Handtaschen, aber auch extravagante Kopfbedeckungen. Schließlich lautet das Motto des Ladens: Entdecke die Diva in Dir!

Fischerau 12, T 07 61 383 99 23, www.etceterantik.com, Mo–Sa 11–18 Uhr, Tram 1–4: Bertoldsbrunnen

Wolle und Wäsche

Ernst Rapp Karte 2, G 3

Im winzigen Laden in einem Gässle hinter dem Münster scheint die Zeit stehengeblieben zu sein. Seit über 100 Jahren gehen wie eh und je Wäsche, Strümpfe, Nachthemden, Stofftaschentücher und vor allem Wolle über die hölzerne Ladentheke – inzwischen in der vierten Generation.

Münsterplatz 28 / Buttergasse, T 0761 346 59, www.ernstrapp.de, Mo–Fr 9.30–13, 14.30–18, Sa 9.30–15 Uhr, Tram 1–4 Bertoldsbrunnen oder 1: Oberlinden

Bereits vor 200 Jahren hatte das Dirndl, ein Trachtenkleid, das von Frauen aus der Stadt als modisches Sommerkleid getragen wurde, viel mit Mode und einer romantischen Vorstellung des Landlebens zu tun.

Vielstimmige Kultur und coole Bars

Wie in einer Universitätsstadt nicht anders zu erwarten, hat Freiburg eine sehr lebendige Kultur- und Kneipenszene. Das Nachtleben spielt sich überwiegend in der Altstadt ab und in einigen wenigen Locations in den angrenzenden Stadtvierteln wie dem Stühlinger, Sedanquartier oder Wiehre.

Die Freiburger Partymeile ist das ›Bermudadreieck‹ zwischen Martinstor, Bertoldsbrunnen und dem Platz der Alten Synagoge, wo auf engem Raum viele Tanzclubs und Kneipen liegen, die vor allem ein junges und studentisches Publikum ansprechen. Weitere Bars wie die hervorragende One Trick Pony-Bar findet man in Oberlinden, andere wie die gehobene Colombi-Bar im Westen der Altstadt. In den Sommermonaten verlagert sich die Feierszene nicht selten auf die öffentlichen Plätze wie den Augustinerplatz oder dem Platz der Alten Synagoge, an den Seepark oder in den Dietenbachpark.

Kultur besitzt in Freiburg seit jeher einen hohen Stellenwert. Allein über 70 Kunst- und Kultureinrichtungen werden von der Stadt gefördert. Besonders breit und gut aufgestellt ist Freiburg in der Musik- und Theatersparte. Einen großen Aufschwung erfuhr in den letzten Jahren die Tanzszene, vor allem lateinamerikanische Tänze und der Tango argentino zählt zahlreiche aficionados. Adressen und Infos zur schwul-lesbischen Szene findet man unter www.queerfreiburg.de.

Es ist eine Kunst, perfekte Drinks zu mixen.

ZUM SELBST ENTDECKEN

Sämtliche Veranstaltungen, die auch nach Kategorien aufgeschlüsselt sind, werden auf der Seite des Tourismusportal visit.freiburg.de (Stichwort Planen/Veranstaltungen) aufgelistet. Viele Tickets erhält man an der Tourist-Info im Alten Rathaus oder online über www.reservix.de.

NACHTS UNTERWEGS MIT DER VAG

In den Nächten von Freitag auf Samstag und Samstag auf Sonntag sowie vor Feiertagen verkehren die Straßenbahnen der Linien 1, 3, 4 und 5 von 1 Uhr bis 4.30 Uhr im 30-Minuten-Takt. Frauen können im Stadtgebiet zwischen 23 Uhr und 5 Uhr das Frauennachttaxi nutzen (pauschel 10 € /erm. 7 €; www.freiburg.de/pb/1163042.html).

BARS UND KNEIPEN

Shooting Star

One Trick Pony Bar Karte 2, G 3
In einem der ältesten Gewölbekeller der Stadt verbirgt sich Badens beste Bar. Schon mal The Tippling Hipster oder Pink Dandy probiert? Kennen Sie nicht? Dann waren Sie noch nie hier. Denn diese Kreationen ersannen Boris Gröner und Andreas Schöler. 24 Drinks haben sie selbst kreiert und dafür eigens 90 Zutaten hergestellt. Dafür gab es bereits diverse Preise, auch für die gestylte Karte.

Oberlinden 8, T 0761 61 25 03 51, https://onetrickpony.bar, Mo–Sa 19–1 Uhr, im Sommer ab 20 Uhr, Tram 1: Oberlinden

Zum Treiben lassen

PoolBar Karte 2, C 4
Was für eine coole Bar! Über die Tresen des schnörkellosen einstigen Schwimmbadkiosks gehen heute mit Blick auf das leuchtende Blau der Schwimmbadhalle und den Rasen der Liegewiese lokale Weine, Longdrinks und Bier. Zum Schnabulieren gibt es stilecht krosse Pommes und Currywurst, am Dienstag Pizza, am Donnerstag Knödel von Kollege Knödel und am Sonntag Burger, natürlich mit Fleisch aus der Region. Hin und wieder Veranstaltungen mit Live-DJs.

Faulerstr. 1, Di–Do 16–23, Fr, Sa 16–1 Uhr, Tram 1–4: Hauptbahnhof oder Bus 11: Faulerstraße

Mit Smoker Lounge

Hemingway Bar Karte 2, D/E 2
Hemingway war nicht hier, aber sein Sohn. In der stilvollen und gediegenen Bar sitzt man in lockerer Atmosphäre unter einem alten Steingewölbe und genießt, von den Bartendern hinter der Mahagony-Theke gut beraten, erstklassige Drinks und auf Wunsch Zigarren aus dem Humidor. Neben Cocktails gibt es auch preisgekrönte Obstbrände aus der Region.

Eisenbahnstr. 54, T 0761 20 73 40, www.hotel-victoria.de/hemingway-bar.html, Mi–So ab 20 Uhr, Tram 1–4: Hauptbahnhof oder 1–5: Stadttheater

Institution

Schlappen Karte 2, E 3
Der stets gut besuchte Schlappen nahe dem Martinstor ist seit über 40 Jahren eine typische Studentenkneipe. Tagsüber auch von älteren Semestern frequentiert, platzt es bei SC-Spielen aus allen Nähten. Ihren Namen erhielt die Kneipe von den eingelaufenen Schuhen, die der einstige Besitzer in der Räucherkammer eines alten Bauernhauses fand. An den Holztischen werden üppige Portionen serviert, vor allem mit der Kartoffelplatte ist der Sättigungsgrad garantiert. Zu bestimmten Terminen werden Whiskyabends oder Absinth-Tastings veranstaltet. Übrigens: Bei Umbauarbeiten für eine neue Toilette stieß man im Untergeschoss auf eine Latrine aus dem 12. Jh., die sowohl als Toilette als auch als Müllgrube diente. Die Funde liegen heute im Archäologischen Museum Colombischlössle.

Löwenstr. 2, T 0761 334 94, https://schlappen.com, Mo–Do 12–1, Fr 12–3, Sa 11–3, So 15–0 Uhr, Tram 1–4: Bertoldsbrunnen

Gin Tasting

Juri's Cocktail Bar Karte 2, G 3
Wohnzimmerbar mit Außenbestuhlung im Herzen der Altstadt. Bei elektronischer Musik werden hier klassische Cocktails gemixt. Große Stärke: Die mehr als 50 verschiedenen Wacholder-Destillate, zu denen es eine Vielzahl von Tonics gibt.

Schwabentorplatz 7, T 0176 83 05 90 44, ww.juris-bar.de, Di–Fr 18–23.30, Sa 17–23.30 Uhr, Tram 1: Oberlinden

Rund 20 Restaurants und Cafés in Freiburg stellen ihre Toiletten nicht nur den Gästen, sondern allen kostenfrei zur Verfügung. Man erkennt sie an einem Aufkleber an der Eingangstür mit Smiley-Gesicht auf rotem Grund. www.freiburg-fuer-alle.de/freiburgerleben/mobil-in-Freiburg/wc-barrierefrei

FILM AB – DIE FREIBURGER KINOLANDSCHAFT

Die unter einer Leitung geführten Programmkinos Friedrichsbau, **Harmonie** (🕮 Karte 2, F 3 Grünwälderstr. 16–18, T 0761 386 65 21) und **Kandelhof** (🕮 Karte G 3, Kandelstr./ Ecke Rennweg, T 0761 28 37 07, alle https://friedrichsbau-kino.de) verstehen sich als Arthouse Kinos. Das 1911 eröffnete **Friedrichsbau** (🕮 Karte 2, E 4, Kaiser-Joseph-Str. 268–270, T 0761 360 31) gehört dabei zu den ältesten Kinos Deutschlands. Immer wieder wurde es für sein Jahresfilmprogramm ausgezeichnet. Auf dem Programm stehen neben Spielfilmen, auch Dokus und Filme im OmU sowie Länderspecials und Filmreihen wie das Filmfrühstück am Sonntag. Im Juli werden die besten Filme des Jahres als **›Sommernachtskino‹** (http://sommernachts-kino.de) im traumhaften Ambiente des Innenhofes des Schwarzen Klosters unter Sternenhimmel gezeigt. Ein noch spezielleres, oft themenorientiertes Programm zeigt das **Kommunale Kino** im stimmungsvollen Ambiente des Alten Wiehrebahnhofs (🕮 Karte 3, D 2, Urachstr. 40, T 0761 459 80 00, www.koki-Freiburg.de. Für die Blockbuster ist der **Kinopalast Cinemaxx** am Theater zuständig (🕮 Karte 2, D 2, Bertoldstr. 50, www.cinemaxx.de).

Familiäre Queerbar

Sonderbar ✪ Karte 2, F 3
Wohlfühlbar von Passanten und Stammgästen, die längst nicht nur von der Queer-Community geschätzt wird.
Salzstr. 13, T 0761 339 30, https://sonderbar-Freiburg.de, Mo–Do 18–3, Fr/Sa 18–5, So 18–1 Uhr, Tram 1–4: Bertoldsbrunnen

Stilvoller geht's nicht

Colombi-Bar ✪ Karte 2, E 2
In der gediegenen Hotelbar des gleichnamigen Nobelhotels sitzt man am offenen Kamin und genießt Champagnercocktails, während der Pianist (Mo–Sa ab 20 Uhr) am Flügel spielt. Im Sommer auch im schönen Garten. An ausgewählten Tagen auch exklusive Weinverkostungen mit regionalen Winzern und 4-Gang-Menü.
Rotteckring 16, T 0761 2 10 60, www.colombi.de, tgl. 18–1 Uhr, Tram 1–5: Stadttheater oder 5: Fahnenbergplatz

Nicht nur Burger

O'Kellys ✪ Karte 2, D 3
Nicht nur bei Studenten beliebt ist das urige O'Kellys, wo es Bier, Fish'n'Chips und riesige Burger gibt, aber auch irische Spezialitäten wie Shepherd's Pie und eine große Auswahl an Gin. Sportevents, ob deutsche, irische und englische werden auf Bildschirmen übertragen. Donnerstags trifft man sich zu Bingo und montags gibt es das legendäre Pub Quiz (immer ab 20 Uhr).
Milchstr. 1, T 0151 10 33 76 78, www.okellys.de, tgl. 16–1 Uhr, Tram: 1–5: Stadttheater

Passage mit Aussicht

Theaterbar ✪ Karte 2, D 2/3
Vor dem Theater ist nach dem Theater. Chilliger Ort in der Theaterpassage, wo man in den Nischen einstiger Schaufenster um den langen Bartresen sitzt. In der warmen Zeit verlagert sich die Bar auf die Terrassen des Theatervorplatzes mit grandiosem Blick auf die Unibibliothek und den rund um die Uhr quirligen Platz der Alten Synagoge. Zu den Drinks werden köstliche Antipasti oder Pinsa serviert.
Bertoldstr. 46, T 0761 21 17 28 13, Facebook theaterbar.freiburg, Di–So 18–1 Uhr, Tram: 1–5: Stadttheater

LIVEMUSIK

Musikkneipe mit Tradition

Cafe Atlantik ✪ Karte 2, G 4
Die ehemalige Brauerei ist die wohl beliebteste und traditionsreichste

Studentenkneipe in der Innenstadt. Regelmäßig finden auf der kleinen Bühne stets gut besuchte Livekonzerte statt, die von Punk über Rock bis Elektropop reichen. Weit über Freiburg hinaus bekannt sind die einmal im Monat stattfindenden Poetry-Slam-Abende, bei denen die besten Slammer um die Gunst des Publikums buhlen. Auch die Spiele der Bundeliga kann man hier schauen oder alternativ Tischkicker spielen. Dazu gibt es solides, üppiges Essen und gutes Bier zu studentenfreundlichen Preisen. Im hinteren, abgetrennten Teil des Lokals darf geraucht werden.

Schwabentorring 7, T 0761 330 33, www.cafe-atlantik.de, tgl. 12–1, Fr/Sa bis 3 Uhr, Tram 1: Schwabentorbrücke

Unkonventionell
Slow Club ✪ Karte 2, A 4

Kleiner Club, große Shows ist das Motto dieses gemeinnützigen Vereins, das 2022 als eine der besten Livespielstätten Deutschlands ausgezeichnet wurde. Auf der kleinen Bühne im Wohnzimmer des ›guten Geschmacks‹ spielen in sehr entspannter Atmosphäre Punk-, Folk- und artverwandte Bands, aber es gibt auch Lesungen, Filmabende und Theateraufführungen.

Verein für notwendige kulturelle Maßnahmen e.V., Haslacher Straße 25, www.slowclub-freiburg.de, Öffnungszeiten je nach Programm, Bus 14: Marienmattenweg

Freiburgs schönster Musikkeller
Jazzhaus ✪ Karte 2, C 3

Seit rund 40 Jahren Freiburgs erste Musikadresse jenseits des Klassikgenres. Im historischen Gewölbekeller spielten und spielen Jazz-, Blues-, Soul-, Pop- und Rockbands, darunter Größen wie Miles Davis, Cecil Taylor, Dee Dee Bridgewater, Die Sterne, Kool & The Gang u.a.

Schnewlinstr. 1, T 0761 79 197 80, www.jazzhaus.de, Öffnungszeiten je nach Programm, Tram 1–4: Hauptbahnhof

Wild und kuschelig
The Great Räng Teng Teng ✪ Karte 2, F 3

Trashige Kellerbar mit Western-Atmosphäre, wo man kicken, flippern oder an

In der Musikstadt Freiburg gibt es eine lebendige Jazzszene, sei es im etablierten Jazzhaus, bei den Jamsessions im Ruefetto oder dem alljährlichen Jazzfestival.

Dinner Krimi Freiburg ist etwas für Augen und Gaumen: Während des Krimidinners mit mehrgängigem Menü im feinen Schlossberg Restaurant **Dattler** hoch über Freiburg werden Sie nicht nur Zeuge eines Mordes, sondern auch aktiv an der Ermittlung und Aufklärung des Falles beteiligt. Am Schlossberg 1, T 0761 137 17 00, dattler.de/unsere-events/dinner-krimi, einmal im Monat, meistens Fr ab 19 Uhr, 89 € p.P., zu erreichen mit der Schlossbergbahn (▶ S. 56) oder zu Fuß.

der Bar etwas trinken kann. Livekonzerte und DJ-Abende verwandeln den immer zu kleinen Saloon in einen ausgelassenen Dancefloor. Übrigens, die Rauchschwaden sind kein Kunstnebel: Es darf geraucht werden.
Grünwälderstr. 6, T 0761 28 54 69 72, www.raengtengteng.com, Mo–Do 20–3 Uhr, Fr/Sa 20–5 Uhr, Tram 1–4: Bertoldsbrunnen

All you need is Jazz
Ruefetto ✪ Karte 2, G 4
Im kleinen Keller treffen sich jeden Donnerstag Jazz-Musiker aus Freiburg und Umgebung zu feinen Jazz-Sessions und lassen das New York der 1940er und 50er-Jahre und der Zeit um Charlie Parker und Miles Davis wieder aufleben.
Granatgässle 3, T 0171 47 41 965, www.ruefetto.de und auf Facebook, jeden Do ab 21 Uhr, Tram 1: Schwabentorbrücke

Musikalischer Funkenschlag
E-Werk ✪ Karte 2, A 3
Auf dem abwechslungsreichen Programm des ehemaligen Elektrizitätswerks stehen Rock und Popkonzerte, aber auch Konzerte aus dem Bereich Weltmusik, Jazz und Neue Musik sowie Musiktheater. Manchmal ist das E-Werk auch Schauplatz von Festivals, wie dem internationalen Rahmentrommelfestival Tamburi Mundi oder dem alljährlichen Jazzfestival.
Eschholzstr. 77, T 0761 20 75 70, https://ewerk-Freiburg.de, Öffnungszeiten je nach Programm, Bus 14: Ferdinand-Weiß-Straße

Alternativlos
das Jos ✪ Karte 2, C 3
Im Café oder im lauschigen Hinterhof der Spechtpassage finden immer wieder Konzerte live oder mit DJs, Lesungen oder Theateraufführungen statt. Das Live-Programm ist sehr abwechslungsreich und immer mit einem Blick auf Freiburgs Subkultur.
Wilhelmstr. 15, T 0761 300 19, https://dasjos.de, Mo–Sa 11–20 Uhr, Veranstaltungen s. Programm, Tram 1–4: Hauptbahnhof

Kiezkneipe
Litfass ✪ Karte 2, D 3
Mit gerade mal 35 m² ist Deutschlands kleinstes Kneipentheater Wohnzimmer des Sedanquartiers und Bühne für lokale Musiker und Literaten. Regelmäßig finden in der selbsternannten Blues & Rock Kneipe Konzerte (meist montags) und Lesungen statt. In entspannter Atmosphäre sitzt man innen vor vom Rauch vergilbten Wänden oder draußen an den Biertischen auf den zweckentfremdeten Parkplätzen. Zum Essen gibt es wie vor vierzig Jahren die studentensättigenden ›Spar‹ghetti.
Moltkestr. 17, T 0761 251 48, https://litfass-Freiburg.jimdofree.com, Mo–Do und So 17–3, Fr/Sa 17–4 Uhr (Küche bis 23 Uhr), Tram 1–5: Stadttheater oder 1–4: Hauptbahnhof

TANZEN

Tanzen ist wieder groß im Kommen. Auch dank der Tanzschule Gutmann, die mit dem Ballhaus Freiburg (Leo-Wohleb-Str. 1, www.ballhaus-freiburg.de) eine der größten Tanzschulen Europas betreibt.
In den Sommermonaten treffen sich Tanzbegeisterte auch Open Air. Dann wird im Tanzbrunnen vor der UB zu lateinamerikanischen Rhythmen getanzt und im Colombipark erklingen Tangoklänge.

Abgetanzt
Waldsee J 6

Die Idylle am Waldsee mit Sonnenterrasse wird immer am Mittwochabend zur Partylocation. Beim move to groove fordert ein wechselndes DJ-Team mit Tanzmusik aus den letzten 30 Jahren zum Abtanzen auf. Am Wochenende trifft sich bei SchwuLesDance die Gay & Queer Community.

Waldseestr. 84, T 0761 736 88, www.waldsee-Freiburg.de, Mi ab 20 Uhr, Tram 1: Musikhochschule, dann 10 Min. zu Fuß

Salon de Tango
El Corazon H 2

Eine ehemalige Sporthalle verwandelte der sehr aktive Tango-Argentino Club Corazón in einen Tangosaal. Regelmäßig finden hier Tangoabende statt mit Practica und anschließender Milonga, aber auch Workshops und Festivals mit Livemusik.

Hinterkirchstr. 21 (Zähringen), www.tango-club-corazon.de, Veranstaltungen s. Programm, Nichtmitglieder zahlen 5–10 €, Tram 4: Hornusstraße oder Tullastraße

Kubafeeling
Mamita club. bar. Latino

Karte 2, G 2

Der Club ist Treffpunkt der Latino-Community und *aficionados* lateinamerikanischer Tänze. Getanzt wird zu Latin- und Chart-Musik und gesprochen wird überwiegend Spanisch. Musik gibt es mal live, mal vom DJ. Und wer noch hüftsteif ist, kann auch in Salsa-Kursen für Anfänger oder Bachata-Workshops die Schritte erlernen.

Nußmannstr. 7-9, T 0162 93 807 94, https://mamita.club/de, Fr/Sa 22–5 Uhr, Tram 4/5: Europaplatz

Ein Stück Clubgeschichte
Crash Karte 2, C 3

Seit seinem Beginn 1985 ist das Crash der Musikkeller für Subkultur in Freiburg. Die musikalische Bandbreite reicht von Punk, Rock, Hardcore über Wave und Metal bis hin zu Techno. Neben Konzerten legen auch immer wieder Crash-Residents und DJs auf.

Schnewlinstr. 7, T 07 61 38 29 16, https://crash-musikkeller.de, Fr/Sa 22–5 Uhr, Tram 1–4: Hauptbahnhof

KULTURSTADT FREIBURG

Freiburg hat eine überaus lebendige Musikszene. Der Bogen reicht vom Klassikgenre mit dem überragenden **Philharmonischen Orchester** (s. Theater Freiburg), dem **Freiburger Barockorchester** (https://barockorchester.de), der Reihe der **Albert-Konzerte** (www.albert-konzerte.de) oder dem experimentierfreudigen **Ensemble Recherche** (www.ensemble-recherche.de) über **Jazzkonzerte** etwa im Jazzhaus, Waldsee oder während des Jazzfestivals bis hin zu **Electro** (Sea You Festival, www.seayou-festival.de) und **Hip-Hop** (Heroes Festival, https://heroes-festival.com/freiburg). Ein Höhepunkt im Musikkalender ist das alljährliche **Zelt-Musik-Festival** (https://zmf.de) auf dem Mundenhof.

Das **Theater** (https://theater.freiburg.de) hat sein festes Haus am Platz der Alten Synagoge, darüber hinaus gibt es das **Wallgraben-Theater** (www.wallgraben-theater.com), das im Sommer im Innenhof des Neuen Rathauses spielt, das **Vorderhaus** (www.vorderhaus.de) mit einem Schwerpunkt auf Kabarett oder das Mundarttheater **Alemannische Bühne** (www.alemannische-buehne.de). Weit über die Grenzen Freiburgs bekannt ist das **Kinder- und Jugendtheater im Marienbad** (www.marienbad.org). Seit 2017 veranstaltet das sehr umtriebige **Literaturhaus** (www.literaturhaus-Freiburg.de) rund 100 Veranstaltungen im Jahr, darunter die meist im November stattfindenden Freiburger Literaturgespräche.

Hin & weg

Ankunft

Mit der Bahn
Der Hauptbahnhof Freiburg (www.bahnhof.de/freiburg-breisgau-hbf) liegt fußläufig am westlichen Rand der Altstadt. Er ist ein wichtiger Knotenpunkt für Fernverkehrszüge, Regionalverkehr und S-Bahn. Drei Bahnstrecken kreuzen sich am Bahnhof: die Rheintalbahn, die Höllentalbahn, die über Kirchzarten, Titisee in den Schwarzwald fährt und die Breisgau-S-Bahn, die tagsüber im Halbstundentakt den östlichen Kaiserstuhl und das Elztal bedient.

Mit dem Bus
Der Busbahnhof, an dem sowohl Regionalbusse als auch Fernbusse halten, befindet sich unmittelbar neben dem Hauptbahnhof. Mehrere Fernbuslinien steuern Freiburg an (www.busliniensuche.de, www.flixbus.de).

Mit dem Flugzeug
Der rund 70 km südlich gelegene Euro-Airport Basel Mulhouse Freiburg (www.euroairport.com) lässt sich bequem mit dem Flixbus erreichen, der vom Busbahnhof startet (www.flixbus.de oder www.freiburger-reisedienst.de., ca. 1 Std. Fahrtdauer). Der Baden Airpark (www.baden-airpark.de) liegt ca. 110 km nördlich von Freiburg. Um zum Baden Airpark zu gelangen, muss man eine Verbindung aus Bahn (bis Bahnhof Baden-Baden, Rastatt oder Bühl) und Bus wählen.

Mit dem Auto
Die gesamte Freiburger Altstadt ist Fußgängerzone. Die Parkplätze in der Innenstadt sind meist Anwohnerparkplätze, auf den wenigen freien Parkplätzen kann man das Auto meist nur ein paar Stunden parken (3,50 €/Std,), es gibt keine Tagespauschale. Am besten lässt man das Auto im Parkhaus stehen. Das Parkleitsystem informiert über die freien Parkplätze in den Parkhäusern der Innenstadt. Die Preise variieren allerdings stark. Sie reichen von 1,50€/Std, und 1,80/Std, bzw. 12 €/Tag und 19 €/Tag in den Parkplätzen Zähringer Tor und Karlsbau bis 2,20 €/Std, und 27 €/Tag im Schlossberg und der Rotteck-Garage. Es gibt auch kostenpflichtige P+R-Parkplätze am Stadtrand (Bissierstraße, Gundelfinger Straße, Moosweiher, Munzinger Straße und Paduaallee). Das Tagesticket für den Parkplatz kostet 7,50 €, wer vor dem Parken an den aufgestellten Automaten

Der Hauptbahnhof ist ein Knotenpunkt der Region. Von hier startet die Höllentalbahn in den Schwarzwald, die S-Bahn in den Kaiserstuhl, und der TGV nach Paris.

ein Tagesticket (6,30 €) für den ÖPNV löst, erhält automatisch eine kostenlose Parkberechtigung für den P+R-Parkplatz. Fast das gesamte Stadtgebiet ist Umweltzone, in der Autos nur mit der Feinstaub-Plakette fahren dürfen.

Informationen

Tourist Information am Rathausplatz: In der T-I erhält man Auskünfte über die Stadt und den Schwarzwald, Prospekte, Karten und Tickets zu Stadtführungen, den Spielen des SC Freiburg und anderen Events. Rathausplatz 2–4, T 0761 38 81-880, Juni–Sept. Mo–Fr 8–18, Sa 9.30–17, So 10.30–15.30; Okt.–Mai Mo–Fr 8–18, Sa 9.30–14.30, So 10–12 Uhr, https://visit.freiburg.de

Zeitungen und Magazine

Unabdingbare Informationsquelle für Freiburg ist die **Badische Zeitung,** die regionale Tagezeitung (www.badische-zeitung.de). Das **chilli Stadtmagazin** (www.chilli-freiburg.de) erscheint zehn Mal im Jahr mit einem umfassenden Veranstaltungskalender. Informativ und erfrischend gut geschrieben sind die redaktionellen Beiträge zu Kultur und Politik, Sport und Wirtschaft, aus der Universität, der Gastronomie und der Szene in Freiburg.

Die regionale Kultur zum Thema hat die kostenlos ausliegende Kultur- und Veranstaltungszeitung **Kultur Joker** (www.kulturjoker.de) mit fundierten und gut geschriebenen Artikeln und einem ausführlichen Print- und Online Veranstaltungskalender.

Im Internet

www.visitfreiburg.de: Auf dem offiziellem Tourismusportal der Stadt findet man unter den Stichworten ›Fühlen‹, ›Planen‹ und ›Informieren‹ inspirierende Anregungen, praktische Infos und allerlei Wissenswertes. Das von der BZ unterhaltene Portal **www.fudder.de** wendet sich an ein jüngeres Publikum. Auf der Seite findet man zahlreiche aktuelle Veranstaltungstipps und redaktionelle Inhalte zur Stadt. Aktuelle Infos findet man auch auf der **Facebook-Seite ›Du weißt, du bist Freiburger, wenn‹.** Eine schöne Einstimmung auf Freiburg bietet die **Instagram-Seite ›alles freiburg‹.**

Freiburg preiswert

Für Freiburg-Besucher gibt es die **WelcomeKarte** (27 €, Kinder bis 16 J. 16 €). Sie ist ein 3 Tage gültiges KombiTicket für Bus und Bahn im gesamten RVF-Gebiet, inklusive der Schauinslandbahn und erlaubt den freien Eintritt in die Städtischen Museen sowie 2 € Rabatt auf offene Stadtführungen. Alle städtischen Museen (aktuell: Augustinermuseum, Haus der Graphischen Sammlung, Museum für Neue Kunst, Archäologisches Museum Colombischlössle, Museum Natur und Mensch, Museum für Stadtgeschichte) können einzeln besucht werden. Günstiger fährt man mit dem Normalpreis-Ticket (8 € / erm. 6 €), das auch als Tageskarte gilt. Kinder, Jugendliche und junge Erwachsene unter 27 Jahren haben freien Eintritt. Die Tickets sind auch online verfügbar..

Barrierefreiheit

Freiburg hat in den letzten Jahren viel für die Barrierefreiheit getan. Unter der Webadresse https://visit.freiburg.de/freiburg-informieren/barriere-freiheit findet man Infos zu Hotels, Parkplätzen, WCs und einen Innenstadtplan für Mobilitätseingeschränkte. Am Rotteckring steht ein detailgetreues 3-D-Tastmodell der Freiburger Innenstadt. Im Maßstab 1:800 sind Straßen, Plätze und wichtige Gebäude in Braille- sowie in Normalschrift bezeichnet. Auch im Münster befindet sich ein Tastmodell.

SICHERHEIT UND NOTFÄLLE

Rettungsdienst und Feuerwehr: T 112 Polizei: T 110, Polizeirevier Freiburg-Nord, Bertoldstr..43a, T 0761 88 20; Vergiftungs-Informations-Zentrale Freiburg 0761 19 240
Ärztlicher Bereitschaftsdienst: T 116 117
Kreditkarten Sperr-Notruf: T 116 116, www.sperr-notruf.de
Österreichische Botschaft: T 030 20 28 70, www.bmeia.gv.at
Schweizer Botschaft: T 030 390 40 00, www.eda.admin.ch/berlin

UMWELTFREUNDLICH UNTERWEGS

Öffentliche Verkehrsmittel

Freiburg hat einen effektiven und sehr gut ausgebauten öffentlichen Nahverkehr, der sich in der Innenstadt und den angrenzenden Vierteln vor allem auf **Straßenbahnen** stützt, während die **Linienbusse** außerhalb der Fußgängerzone verkehren. Zentraler Verkehrsknotenpunkt der Stadtbahnlinien 1 (Littenweiler/Landwasser), 2 (Günterstal/Güterbahnhof), 3 (Vauban/Haid) und 4 (Zähringen/Messe) ist der Bertoldsbrunnen, nur die Linie 5 (Haslach/Rieselfeld) fährt am Stadttheater vorbei. Sie verkehren täglich in dichtem Takt zwischen 5.30 Uhr und 0.30 Uhr. In den Nächten von Freitag auf Samstag und Samstag auf Sonntag sowie vor Feiertagen verkehren die Straßenbahnen der Linien 1, 3, 4 und 5 von 1 Uhr bis 4.30 Uhr im 30-Minuten-Takt. Die Nachtbusse N46 und N47 ergänzen den Nachtverkehr der Stadtbahnen. Abgestimmt auf die Stadtbahnlinien fahren die 18 Buslinien ins Umland.
Info: Kundenzentrum VAG pluspunkt, Salzstr. 3, T 0761 45 11-500, Mo–Fr 8–19 Uhr, Sa 9–15 Uhr. Den Fahrplan kann man unter www.vag-freiburg.de einsehen.
Tickets: Ein Einzelfahrschein kostet 2,70 €, Kinder 1,60 € und ist erhältlich am Automaten oder beim Fahrpersonal. Bei Onlinekäufen kostet das MobilTicket nur 2,43 €, Kinder 1,44 €. Kurzstreckentickets (nur drei Haltestellen, max. 20 Min. Fahrtdauer) kosten einheitlich 1,70 €. Bereits ab wenigen Fahrten lohnt sich der Kauf der 2x4-Fahrten-Karte (19,40 €) bzw. der TagesKarte (6,30 €).

In der Fahrradstadt Freiburg fährt fast jeder zweite mit dem Fahrrad zur Schule, in die Arbeit oder zur Uni.

Fahrrad

In der Freiburger Altstadt sind sämtliche Sehenswürdigkeiten bequem zu Fuß zu erreichen, ein Fahrrad ist da eher hinderlich. Außerhalb der Altstadt ist das Fahrrad ein optimales Fortbewegungsmittel – und so sehen es viele Freiburger auch. Das Radnetz ist sehr gut ausgebaut und reicht weit ins Umland.
Frelo-Verleihsystem: Mehr als 90 über das Stadtgebiet verteilte Stationen bietet das Frelo-Fahrradverleihsystem der Freiburger Verkehrs AG. Nach einer kostenlosen Registrierung kann man ein Frelo an einer Station ausleihen und an der gleichen oder einer beliebigen anderen Station wieder zurückgeben. Der Basistarif beträgt 1 €/30 Min., max. 12 €/24 Std.. Info unter: www.frelo-freiburg.de
Radstation: Direkt am Hauptbahnhof gibt es die Radstation, ein großes Fahrradparkhaus (1 €) mit Verleih: Freiburg bikes; Wentzingerstr. 15, T 0176 54

32 98 98, www.freiburgbikes.de. Zur Auswahl stehen Citybikes, Tourenbikes, MTBs, E-Bikes, E-MTBs, Trekkingbikes, Tandem, Kinderräder, sowie Kinderanhänger, Kindersitze, Fahrradhelme. Preise ab 10 €/4 Std. für das Citybike, 35 €/Tag für das E-Bike. Auch eine Reparaturwerkstatt (Mo–Fr 14–17, um Voranmeldung unter 0176 53 52 15 64 wird gebeten) ist hier untergebracht.

Taxis
Taxen stehen am Hauptbahnhof, vor dem Colombipark, in der Humboldtstraße hinter dem Martinstor, und Auf der Zinnen. Frauen können im Stadtgebiet zwischen 23 Uhr und 5 Uhr das Frauennachttaxi nutzen (pauschal 10 € / erm. 7 €, Barzahlung) Erforderlich ist die telefonische Bestellung bei einerm der drei beteiligten Taxiunternehmen: Taxi Freiburg: T 55 55 55; Taxi Alica: T 155 37 668; Taxi Hercher: T 422 22

STADTFÜHRUNGEN

Das Angebot an ebenso unterhaltsamen wie informativen Stadtführungen zu einer breiten Palette an Themen ist dank der vielen Anbieter sehr groß. Für Einzelgäste gibt es dabei auch viele offene Führungen zu festen Terminen, für die keine Voranmeldung erforderlich ist. Da die Freiburger Innenstadt Fußgängerzone ist, gibt es keine Stadtrundfahrten per Bus. Eine Übersicht der monatlichen Stadtführungen und Erlebnistouren findet man auf dem Tourismusportal der Stadt unter https://visit-freiburg.de.

Klassische Stadt- und Münsterführungen: Der beste Einstieg für einen Freiburg-Besuch ist die informative und unterhaltsame Führung ›Höhepunkte der Altstadt‹ von Freiburgerleben (www.freiburgerleben.de, Dauer: 1,5 Std., Mo, Di und Fr 12.15, Mi, Do, So 14, Sa 10, 12.15 und 15.30 Uhr, 12 €/erm. 10 €, Treffpunkt vor der Tourist-Info, am Rathausplatz).
Freiburgerleben bietet auch eine offene Stadtführung ›exklusiv‹ mit Besichtigung des Münsterinnenraums an (Dauer 1,5 Std., Mo, Di, Fr, Sa 14 Uhr, 17 € mit Headsets inkl., Treffpunkt vor der Tourist-Info, am Rathausplatz).
Reine Münsterbesichtigungen kann man auch beim c-punkt Münsterforum buchen (Herrenstr. 33, https://c-punkt-freiburg.de, Dauer: 1 Std., Ostern bis Allerheiligen Mo–Sa übrige Zeit nur Fr, Sa 14 Uhr, 8 €/erm. 4 €, Treffpunkt am c-punkt).
Ein weiterer Anbieter ist Freiburg Kultour.

Schauspielführungen
Ghost-Walks, historische Touren oder Event-Touren an, bei der ein Schauspieler eine Freiburger Persönlichkeit, z. B. den Henker von Freiburg verkörpert bietet der Veranstalter Historix-Tours an (https://historix-tours; Dauer: 90–105 Min., Mo–Do jeweils 19.30, Sa auch um 11, 15, 18 und 21 Uhr, So 11, 15, 18 Uhr, 12 €/erm.11 €, Treffpunkt s. Homepage).

Kulinarische Touren
Nicht fehlen dürfen in Freiburg kulinarische Touren. Einmal im Monat finden die Stadtführung mit regionalen Spezialitäten am Münstermarkt (ab 38 €), die Freiburger Genusstour (38 €), die Badische Tapas Tour (89 €), die Weinführung (ab 45 €) oder das Flying Dinner Regional (ab 82 €) statt (Dauer: ca. 2–3 Std., Termine unter www.freiburgerleben.de).

Mal was anderes
Mit der **Schafstour** können Familien, Kindergruppen, aber auch Erwachsene auf einer Schnitzeljagd die Stadt spielerisch und interaktiv erkunden. Die auch für Kinder geeignete ›wilde Schafstour‹ (ab 23,50 €) führt durch die Altstadt.
Für Teenies und Erwachsene eignen sich ›Schlaflos in Freiburg‹, die auch über den Schlossberg führt und ›Denk mal Schaf‹ (13,50 € p.P., mit Plan pro Gruppe 4,95 €), die die Freiburger Innenstadt, Sedanviertel und Stühlinger erkunden. Dauer: ca. 3 Std.; Startzeit frei wählbar.
Unterhaltsam und informativ ist die **Bächleputzer City Tour** mit dem originalen Bächleputzer Stocky (https://freiburger-baechleputzer.de, Dauer: 1,5 Std., Termine s. Homepage, 23 €).

O-Ton Freiburg

Keine Hektik, entspann dich!

Muggeseggele

kleinste Einheit für Länge, Volumen, Gewicht oder Zeit; abgeleitet vom Geschlecht der mänlichen Stubenfliege

BOBBELE

Bezeichnung für diejenigen, die in Freiburg geboren sind

Münster

Tüpflischisser

pingeliger Mensch, der es zu genau nimmt

Salli!

Guten Tag!
Gruß unter Bekannten, von französisch Salut abgeleitet

neugierig

»Wir müsse nit gwinne. Was wir müsse, isch sterbe.«

ein Ausspruch von Christian Streich, SC-Trainer

Dätsch mer …

würdest du mir bitte…

Feldsalat

Käpsele oder Käpseli

jemand besonders schlaues

Das Buch ist Greta und Matteo gewidmet

Das Klima im Blick
Reisen bereichert und verbindet Menschen und Kulturen. Wer reist, erzeugt auch CO_2. Der Flugverkehr trägt in erheblichem Maße zur globalen Erwärmung bei. Wer das Klima schützen will, sollte sich – wenn möglich – für eine schonendere Reiseform entscheiden oder die Projekte von atmosfair unterstützen. Flugpassagiere spenden einen kilometerabhängigen Beitrag für die von ihnen verursachten Emissionen und finanzieren damit Projekte in Entwicklungsländern, die dort den Ausstoß von Klimagasen verringern helfen (www.atmosfair.de). Auch die Mitarbeiter des DuMont Reiseverlags fliegen wenn, dann mit atmosfair!

Abbildungsnachweis

Albert Josef Schmidt, Freiburg: S. 4 re., 25, 53, 59, 80, 97, 120/9
Alice Winter, Freiburg: S. 5
FREIBURGerLEBEN, Freiburg: S. 7 (Andreas Frank)
Haus der Graphischen Sammlung, Kleinodientreppe, Augustinermuseum, Städtische Museen Freiburg: S. 32 (Rita Eggstein)
Helge Schlaghecke, Freiburg: S. 41, 43, 89, 98, 101, 103
Huber-Images, Garmisch-Parteinkirchen: Titelbild, Faltplan (Franco Cogoli); 93 (Reinhard Schmid)
laif, Köln: S. 71 (Clemens Emmler); 8, 20, 37, 67 (Karl-Heinz Raach); 78, 90 (Markus Kirchgessner); 45, 68, 110 (Martin Kirchner); 120/7 (Polaris/Antonello Nusca); 85 (Ralf Brunner); 55 (robertharding/Markus Lange); 29, 48 (Tobias Gerber)
Lookphotos, München: S. 14/15, 16/17, 75, 95, 104 (Daniel Schoenen); 33 (Jalag/Walter Schmitz); 86 (travelstock44)
MAIRDUMONT, Ostfildern: S. 120/8 (Baedeker Archiv)
Mauritius-Images, Mittenwald: S. 72 (Alamy Stock Photos/Robin Weaver); 63 (imagebroker/Daniel Schoenen); 77 (Markus Lange); 24 (Pitopia/Claudia Evans); 51 (Travel Collection)
picture-alliance, Frankfurt a. M.: S. 107 (Caro/Amruth); 120/2 (SZ Photo/Mike Schmidt)
Ralf Schmid, Freiburg: S. 120/4 (Steffen Thalemann)
Shutterstock.com, Amsterdam (NL): S. 12/13 (canadastock); 74 (Cyril Hou); 88 (enchanted_fairy); Umschlagklappe hinten (Gyuszko-Photo); 4 li. (My Portfolio); 112, 120/1 (Taljat David)
Wikimedia Commons: S. 82 (CC BY-SA 3.0(Andreas Schwarzkopf); 120/5 (CC BY-SA 3.0/Joergens.mi); 120/6 (CC BY-SA 3.0/Siebbi); 120/3 (CC BY-SA 4.0/Steven Schaap)
Zeichnungen: Antonia Selzer, St. Peter

Kartografie

© KOMPASS-Karten GmbH, A-6020 Innsbruck;
DuMont Reiseverlag, D-73751 Ostfildern

Umschlagfoto

Titelbild: das Gebäude der Universitätsbibliothek Freiburg

Hinweis: Autorin und Verlag haben alle Informationen mit größtmöglicher Sorgfalt geprüft. Gleichwohl sind Fehler nicht vollständig auszuschließen. Alle Angaben erfolgen ohne Gewähr. Bitte schreiben Sie uns! Über Ihre Rückmeldung zum Buch und Verbesserungsvorschläge freuen sich Autorin und Verlag:
DuMont Reiseverlag, Postfach 3151, 73751 Ostfildern,
info@dumontreise.de, www.dumontreise.de

1. Auflage 2024

Autorin: Alice Winter
Redaktion/Lektorat: Petra Juling
Bildredaktion: Susanne Troll
Grafisches Konzept: Eggers+Diaper, Potsdam
Printed in Poland

Kennen Sie die?

9 von 236 140 Freiburger*innen

Das Krokodil
Seit 2002 schwimmt das steinerne Krokodil mal mit, mal gegen den Strom. Inzwischen ist es eine Art Trevibrunnen: Wer wiederkommen möchte, wirft ihm eine Münze zu.

Cosmea Spelleken
Während Corona avancierte die Filmstudentin mit ihrer Online-Inszenierung werther. live zum Shooting-Star der Theaterszene und erhielt den Preis Nachwuchsregie 2021.

Christian Streich
Das »soziale Gewissen des deutschen Fußballs« nannte ihn die New York Times. Seine Authentizität macht ihn zum sympathischsten Fußballtrainer in der 1. Bundesliga.

Ralf Schmid
Pyanook heißt das futuristische Musikprojekt des Pianisten Ralf Schmid. Mittels ›Datenhandschuhen‹ spielt er Piano und steuert gleichzeitig mit den Fingern den Klang.

Holbeinpferdle
Sie wollen wissen, was die Freiburger bewegt? Unternehmen Sie einen Spaziergang aus dem Städtle zum Holbeinpferdle und schauen Sie sich das neueste ›Kostüm‹ an!

Johanna Wokalek
Man kennt sie als Päpstin, Terroristin oder Münchner Kommissarin. Ihre Liebe zum Theaterspielen entdeckte die Schauspielerin auf dem Freiburger Friedrich-Gymnasium.

Georg Gänswein
Mit dem aus Rom nach Freiburg abkommandierten Sekretär des Doppelpapstes Ratzinger, Erzbischof Georg Gänswein, wohnen seit 2023 gleich zwei Erzbischöfe in Freiburg und das katholische Freiburg ist ein bisschen Rom.

Karl Friedrich Baedeker
Der Urenkel des Verlagsgründers (1910–1979) zog 1956 von Leipzig nach Freiburg. Die in rotem Leineneinband und goldfarbenen Lettern herausgegebenen Reiseführer prägten lange die Branche.

Caroline Christine Walter
Täglich frische Blumen schmücken das von Legenden umwobene Grab der 1867 mit 17 Jahren an Tuberkulose verstorbenen Caroline, deren steinernes Abbild auf dem Alten Friedhof ruht.